DEDICO ESTE LIVRO A ALGUÉM QUE DESEJO QUE TENHA MUITO SUCESSO

_____

Que você seja um grande sonhador.
E, se sonhar, seja disciplinado, mas não tenha medo de falhar.
E, se falhar, não tenha medo de chorar.
E, se chorar, repense sua vida, mas não desista.
Dê sempre uma nova chance para si mesmo e para quem ama.

_____, ____/____/_____

TREINE O SEU *cérebro* PARA PROVAS

O GEN | Grupo Editorial Nacional – maior plataforma editorial brasileira no segmento científico, técnico e profissional – publica conteúdos nas áreas de concursos, ciências jurídicas, humanas, exatas, da saúde e sociais aplicadas, além de prover serviços direcionados à educação continuada.

As editoras que integram o GEN, das mais respeitadas no mercado editorial, construíram catálogos inigualáveis, com obras decisivas para a formação acadêmica e o aperfeiçoamento de várias gerações de profissionais e estudantes, tendo se tornado sinônimo de qualidade e seriedade.

A missão do GEN e dos núcleos de conteúdo que o compõem é prover a melhor informação científica e distribuí-la de maneira flexível e conveniente, a preços justos, gerando benefícios e servindo a autores, docentes, livreiros, funcionários, colaboradores e acionistas.

Nosso comportamento ético incondicional e nossa responsabilidade social e ambiental são reforçados pela natureza educacional de nossa atividade e dão sustentabilidade ao crescimento contínuo e à rentabilidade do grupo.

AUGUSTO CURY

TREINE O SEU *cérebro* PARA **PROVAS**

- A EDITORA FORENSE se responsabiliza pelos vícios do produto no que concerne à sua edição (impressão e apresentação a fim de possibilitar ao consumidor bem manuseá-lo e lê-lo). Nem a editora nem o autor assumem qualquer responsabilidade por eventuais danos ou perdas a pessoa ou bens, decorrentes do uso da presente obra.

  Todos os direitos reservados. Nos termos da Lei que resguarda os direitos autorais, é proibida a reprodução total ou parcial de qualquer forma ou por qualquer meio, eletrônico ou mecânico, inclusive através de processos xerográficos, fotocópia e gravação, sem permissão por escrito do autor e do editor.

  Impresso no Brasil – *Printed in Brazil*

- Direitos exclusivos para o Brasil na língua portuguesa
  Copyright © 2018 by
  EDITORA FORENSE LTDA.
  Uma editora integrante do GEN | Grupo Editorial Nacional
  Rua Conselheiro Nébias, 1384 – Campos Elíseos – 01203-904 – São Paulo – SP
  Tel.: (11) 5080-0770 / (21) 3543-0770
  faleconosco@grupogen.com.br / www.grupogen.com.br

- O titular cuja obra seja fraudulentamente reproduzida, divulgada ou de qualquer forma utilizada poderá requerer a apreensão dos exemplares reproduzidos ou a suspensão da divulgação, sem prejuízo da indenização cabível (art. 102 da Lei n. 9.610, de 19.02.1998).
  Quem vender, expuser à venda, ocultar, adquirir, distribuir, tiver em depósito ou utilizar obra ou fonograma reproduzidos com fraude, com a finalidade de vender, obter ganho, vantagem, proveito, lucro direto ou indireto, para si ou para outrem, será solidariamente responsável com o contrafator, nos termos dos artigos precedentes, respondendo como contrafatores o importador e o distribuidor em caso de reprodução no exterior (art. 104 da Lei n. 9.610/98).

- Capa: Camila Araújo e Danilo Oliveira

- CIP – Brasil. Catalogação na fonte.
  Sindicato Nacional dos Editores de Livros, RJ.

  C988t

  Cury, Augusto
  Treine seu cérebro para provas / Augusto Cury. – Rio de Janeiro: Forense. São Paulo: MÉTODO 2018.

  ISBN 978-85-309-7913-3

  1. Direito. 2. Serviço público - Brasil - Concursos. I. Título.

  18-46990 CDU: 34

SUMÁRIO

PREFÁCIO 13

INTRODUÇÃO 15

1 UM SONHADOR QUE NUNCA DESISTIU DE SEUS SONHOS 21
    Sonhando com as estrelas 22
    Um acidente emocional 24
    Nasce um grande observador 26
    Descobrindo que o tempo da escravidão não terminou 27
    Pensando o pensamento. Dando risada das próprias tolices .. 29
    Fascinado com suas ideias, mas distraído 31
    Enfrentando com alegria o deserto no casamento 32
    O engessado sistema acadêmico 33
    Enterrando os sonhos no solo do sucesso 35
    Um ambiente inusitado 37
    Uma síntese das descobertas 39
    Quase vinte anos se passaram 46
    As andorinhas chilrearam na primavera 48
    O sonho tornou-se realidade 50
    Nossa espécie está adoecendo 53
    Os sonhadores não são gigantes 55
    A vida é uma universidade viva 56
    Algumas lições para libertar o gênio que está em você 58

2   O QUE É A TEORIA DA INTELIGÊNCIA MULTIFOCAL – TIM 63
    A teoria da inteligência multifocal 65
    Construção da personalidade 70
    Construção do pensamento 71
    O processo de comunicação 74
    O objetivo da memória 76
    Como reciclar nossa história 79
    As classes de raciocínio 87
    Colocando a tim em prática 91

3   CONSTRUINDO UM *EU* SAUDÁVEL 97
    Mecanismos de construção do *eu* / memória 102
    Mecanismos de construção do *eu* / classes de raciocínio ... 104
    Os tipos de pensamento 108
    Socialização 111
    A autoconsciência 114
    Gatilho da memória 118

4   COMO UTILIZAR OS CÓDIGOS DA INTELIGÊNCIA 125
    As armadilhas da mente 127
    Síndrome do pensamento acelerado 129
    Os códigos da inteligência 132
        Código do EU como Gestor do Intelecto 133
        Código da Autocrítica 133
        Código da Psicoadaptação ou da Resiliência 135
        Código do Altruísmo 136
        Código do Debate de Ideias 137
        Código do Carisma 138
        Código da Intuição Criativa 139
        Código do EU como Gestor da Emoção 140
        Código do Prazer de Viver 143

5 COMO UTILIZAR AS EMOÇÕES A SEU FAVOR 149

A importância do treinamento 151
Técnicas de Gestão da Emoção 154
Reeditar e reconstruir a memória 155
    Mesa-redonda do eu 155
    Socialização 156
Desarmando as armadilhas da mente 157
    Pensar antes de agir 157
    Ação-reação 158
    Não exaltar erros 159
Felicidade inteligente e saúde emocional 160
    Ser fiel à consciência 160
    Contemplar o belo 161
    Encantar-se com a existência 161
    Ser altruísta 161
    Pensar como humanidade 162
    Doar-se sem esperar contrapartida 162
    Adquirir estabilidade emocional 163
Saúde emocional 163
    Renunciar a ser perfeito 163
    Autoconsciência 164
    Automapeamento 166
    Estabelecer metas claras 167
    Foco e disciplina 167
    Entender que as escolhas implicam perdas 168
Crescendo com a crise 168
    Treine suas habilidades em tempos de paz 168
    Pense em outras possibilidades 169
Gerir os comportamentos que promovem o índice GEEI 169

6 CONTROLANDO A ANSIEDADE **173**

A Síndrome do Pensamento Acelerado 179

A Construção dos Pensamentos 180

A ansiedade vital 182

A incidência da SPA 184

Armadilhas da mente 187

Afinal, o que é a SPA? 192

Níveis de SPA 195

Consequências da SPA 196

Como lidar com a SPA? 197

7 MUDANDO O COMPORTAMENTO PARA OBTER SUCESSO **203**

Como se iniciam os cárceres mentais? 206

Liberte-se dos presídios mentais:
as síndromes spa e predador-presa 208

AVALIE SUA QUALIDADE DE VIDA **215**

Dedico este livro a todos os seres humanos apaixonados pela vida e que usam seu sucesso para fazer a humanidade mais feliz, altruísta e inteligente...

PREFÁCIO

Uma vida sem sonhos é uma emoção sem aventuras e uma mente sem metas. E todas as metas, para serem atingidas, precisam de grandes escolhas. E todas as escolhas são acompanhadas de perdas. Quem quer ganhar o essencial, tem de aprender o trivial. Está preparado? Você vai ler esta obra, que talvez seja o primeiro livro mundial de gestão da emoção para provas. Quais provas? Todas. Sejam provas escritas ou orais, sejam desafios profissionais, ou, ainda, perdas, mágoas ou frustrações que você atravessará.

Para ter uma mente livre com altíssimo desempenho, você mapeará seus fantasmas mentais, os medos que te assombram, os pensamentos perturbadores que te sabotam e os cárceres mentais que te aprisionam. Terá de aprender a perguntar: onde estou e aonde quero chegar? Minha mente é livre ou é engessada? Sou um ser humano seguro ou sofro por antecipação? Sou apaixonado pela minha saúde emocional ou carrasco de mim mesmo?

Não há céus sem tempestades nem caminhos sem acidentes. Para ter sucesso, você terá de aprender a lidar com suas derrotas. Quem tem medo de fracassar, não é digno das grandes vitórias. Quem tem medo das vaias, não é digno de dar grandes espetáculos. Nunca se esqueça de que quem vence sem riscos, crises e dificuldades, sobe no pódio sem méritos.

Neste livro você será treinado para gerir sua emoção, libertar sua imaginação, instigado a desenvolver seu raciocínio e provocado a superar seus presídios mentais. Espero que você leia e o releia e trabalhe as ferramentas aqui propostas. Você nunca mais será o mesmo ao aprender e se apropriar dessas técnicas.

Prepare-se para se surpreender, prepare-se para conhecer o planeta mente, prepare-se para entrar em camadas profundas de um personagem que talvez você conheça muito pouco, você mesmo...

Dr. Augusto Cury

INTRODUÇÃO

Então eu te pergunto:

Quanto tempo de sua vida você investiu em aprender a aprender?

É neste livro que você vai encontrar essa grande oportunidade!

Talvez você esteja se perguntando se é um milagre, ou pensando que aprender a aprender não é possível, porque todas as teorias têm um método complicado. Não é verdade! A verdade é que nosso *ensino tradicional* insiste em nos instruir a fazer anotações linha por linha, organizadas continuamente no papel. Esse padrão de anotar e registrar ideias sequenciais e de forma cronológica, como enfileirar os alunos nas salas de aula, os transforma em espectadores passivos do conhecimento e não em agentes do processo educacional.

Só é capaz de aprender realmente quem sabe ser líder de si mesmo, e para isso é necessário provocar um choque de lucidez, aprofundando e fortalecendo a base sobre o funcionamento da mente, educando seu EU para gerenciar os pensamentos, protegendo a emoção, desenvolvendo habilidades socioprofissionais – capacidades que dependem de treinamentos educacionais sofisticados.

Mas o que é o EU?

Por meio da Teoria de Inteligência Multifocal (TIM), estudaremos o complexo processo de interpretação da realidade, isto é, como percebemos a nós mesmos e o mundo, e esse procedimento será a base do *aprender a aprender.*

Essa investigação do processo chama-se *multifocal* porque estuda a construção dos pensamentos em seus múltiplos aspectos, tanto conscientes, como inconscientes, tendo como objetivo fortalecer a consciência crítica e a capacidade gestora do EU diante dos processos inconscientes que distorcem a realidade e levam ao adoecimento emocional por conta de crenças unifocais. Essas crenças unifocais consideram os eventos sob um único ângulo, desconsiderando outros aspectos vitais para as relações intra e interpessoais saudáveis.

Nessa investigação do processo de aprendizagem, o EU terá um papel fundamental, pois, visando o seu crescimento, deve-se exercitar continuamente habilidades como **planejar, fazer, mudar, aprender, adequar**, buscando sempre a excelência e garantindo, assim, a sobrevivência a longo prazo e o sucesso.

Este livro vai conduzir você a caminhar dentro de si mesmo e ampliar o mundo das ideias sobre a mente humana e a construção de pensamentos.

A Teoria da Inteligência Multifocal (TIM) trata da capacidade de decifrar e aplicar os Códigos da Inteligência, fazendo com que os estudantes reconheçam esses códigos e compreendam os elementos fundamentais para considerar o EU como autor de sua própria história, gerenciando os pensamentos e emoções, ampliando as potencialidades, libertando a criatividade, expandindo a arte de pensar, desenvolvendo a capacidade de atenção, concentração e elaboração de ideias e conceitos a fim de apresentar significativas mudanças positivas de pensamento e comportamento, colaborando para o aumento do rendimento nos estudos.

A TIM contempla em seus estudos quatro linhas diferentes:

1) A natureza e o processo de construção dos pensamentos;
2) Os papéis conscientes e inconscientes da memória;
3) A formação do EU como líder do teatro psíquico; e
4) O desenvolvimento das funções mais complexas da inteligência, como saber expor e não impor suas ideias, saber colocar-se no lugar do outro, educar e proteger suas emoções, gerenciar os pensamentos, reeditar o filme do inconsciente, contemplar o belo, liberar a criatividade e desenvolver inteligência existencial e resiliência, entre outros.

Educar e proteger a emoção, portanto, configuram as funções mais complexas da inteligência socioemocional, segundo a TIM. O EU só poderá ampliar sua interpretação da realidade e gerenciar seus pensamentos e suas emoções se desenvolver habilidades mentais que o ajudem a exercer o papel de gestor psíquico diante desses processos inconscientes.

De maneira interessante, abordaremos os códigos capazes de estimular nossos jovens a libertar a criatividade, expandir a arte de pensar, desenvolver a saúde psíquica e, consequentemente, se preparar de forma adequada para as provas, caminhando para um futuro profissional de excelência.

Assim, de acordo a TIM, para o desenvolvimento da *inteligência socioemocional*, é necessário o treinamento de uma *inteligência multifocal*, isto é, uma inteligência que integre tanto habilidades emocionais e sociais quanto cognitivas, que compreenda tanto os aspectos conscientes quanto os inconscientes da construção dos pensamentos, e que considere, por fim, que o ser humano não é só o produto da memória, mas também construtor dessa memória, na medida em que exercita ser o autor de sua própria história.

Embora não exista fórmula mágica para resolver nossos problemas, podemos contar com conhecimentos básicos que, bem aplicados, contribuirão para uma estrutura de personalidade cada vez mais forte, fazendo com que seu objetivo seja alcançado de forma eficaz.

Diariamente pensamos, refletimos, raciocinamos, sentimos solidão, medo, ansiedade, alegria, tranquilidade. Não temos consciência de como isso é complexo, explorar e cuidar carinhosamente desse pequeno e infinito mundo que somos é a nossa grande responsabilidade.

Desistir dos sonhos é abrir mão da felicidade, porque quem não persegue seus objetivos está condenado a fracassar 100% das vezes...

UM SONHADOR QUE NUNCA DESISTIU DE SEUS SONHOS

Vou começar este livro contando uma história que provavelmente inspirará muitos a ter grandes sonhos, a lutar por eles e a acreditar que em seu cérebro há ferramentas incríveis que podem levá-los a lugares inimagináveis. Nada melhor do que começar o treinamento dos treinamentos da mente e da emoção dos leitores falando de quem fracassou, tropeçou, foi desacreditado, passou pelo vale das vaias e se reinventou.

A.C. teve uma infância difícil, porém divertida. Quando adolescentes, seus pais trabalhavam na lavoura e tiveram muitas dificuldades financeiras. Do casamento, nasceram seis filhos. Nos primeiros anos, todos dormiam no mesmo quarto de uma casa bem pequena, mas sempre com muita alegria e criatividade. As crianças faziam festa com quase nada.

Sua mãe era fonte de sensibilidade: afetiva, dócil e amável. Portadora de fobia social, nunca saía de casa sozinha. Era incapaz de levantar a voz para alguém e, para conter a guerra que seus filhos realizavam, ela fazia as malas e ameaçava ir embora. Comovidas, as crianças pediam que ela voltasse e se aquietavam naquele dia.

Quando A.C. tinha cinco anos, morreu seu canário. Um parente próximo, com o intuito de lhe ensinar o caminho da responsabilidade, disse para A.C. que o canário tinha morrido de fome porque ele não o alimentara. Essa frase, aparentemente ingênua, fora registrada de maneira superdimensionada nas camadas íntimas do inconsciente do menino, gerando uma janela com alto volume de tensão. A consequência? Um grande sentimento de culpa!

O fenômeno do *autofluxo*, responsável por produzir milhares de pensamentos diários para nos distrair, gerar sonhos e prazeres, ancorava-se nessa janela doentia e a lia frequentemente. A.C. chorava escondido, pensando na dor da fome do seu canário.

Pequenos gestos podem marcar uma vida. Palavras dóceis também podem ser cortantes. Não há quem não erre tentando acertar. Quantos professores angustiam seus alunos com atitudes impensadas?

Por diversos motivos, A.C. cresceu hipersensível e pequenos problemas causavam um impacto enorme no território da sua emoção, mas as dificuldades da vida, os atritos com os irmãos, as brincadeiras na rua estimularam sua personalidade, tornando-o dinâmico, arrojado, impulsivo e criativo.

SONHANDO COM AS ESTRELAS

O jovem detestava a rotina dos estudos. Vivia distraído, desconcentrado e desconectado da realidade, mas as dificuldades iniciais de sua família contrastavam com a grandeza dos seus sonhos.

Seu pai tinha um problema cardíaco e, desde cedo, estimulou o filho a ser médico. Embarcando nesse sonho, A.C. ambicionou não ser apenas médico, mas também cientista. Ele desejava descobrir coisas que ninguém jamais pesquisara, desvendar enigmas ocultos aos olhos – um sonho muito grande para quem considerava a escola o último lugar em que gostaria de estar.

Sonhar sempre foi um fenômeno psíquico democrático. Para sonhar, basta ser um viajante no mundo das ideias e percorrer as avenidas do seu ser. Quem não faz essa viagem, ainda que percorra os continentes, fica paralisado na arte de pensar. O mundo dos sonhos sempre pertenceu aos viajantes. Você é um deles?

A.C. era famoso por comportamentos que fugiam ao trivial. Era sociável e afetivo, mas marcadamente irresponsável. Gostava de festas e poucos compromissos. Sabe quantos cadernos ele teve durante os dois primeiros anos do ensino médio? Nenhum!

Muitos dos seus colegas eram estudantes exemplares. Ele era um desastre. Raramente copiava a matéria dada em aula, a não ser quando, num caso extremo, pedia uma folha emprestada. Não levava livros nem cadernos para a escola. Levava apenas a si mesmo e, ainda assim, estava lá apenas fisicamente.

Seus professores eram ilustres, mas ele era um estranho no ninho, pois não se adaptava ao sistema escolar. Usava roupas bizarras, seus cabelos viviam revoltos. Tinha diversas obsessões. Distraído com suas ideias e com suas manias, certa vez, andando pela rua, trombou com um poste. Ficou tonto, quase desmaiou.

Apesar de suas trapalhadas, A.C. era um jovem divertido. Tão divertido que, junto com um amigo, fazia serenatas de madrugada com seu violão. Só que nem ele nem o amigo sabiam tocar o instrumento. Resultado: o som era tão ruim que as moças nunca acendiam a luz do quarto para mostrar que os ouviam.

Quando A.C. dizia que queria ser médico, muitos davam risada. Nem seus amigos mais íntimos acreditavam nele. Dizer que queria ser um cientista era uma heresia para quem sequer prestava atenção nas aulas.

Não apostavam nele nem por compaixão, mas A.C. dava motivos para isso. Contudo, seus pais continuavam sendo seus grandes incentivadores.

Contrariando as expectativas, chegou um momento em que A.C. parou de brincar com a vida e resolveu levá-la a sério. Não queria ficar à sombra do pai. Queria construir sua própria história. Deixou as festas, as orgias, o convívio com amigos e resolveu ir atrás dos seus sonhos.

Há um ditado que diz: "pau que nasce torto, morre torto". Aos olhos de muitos, ele estava condenado a ser um fracassado. A.C., porém, não era um pedaço de pau, mas um ser humano que, como qualquer outro, possuía um grande potencial intelectual represado.

Exercitou sua capacidade de pensar e escolheu seus caminhos. Tinha grandes sonhos, o que lhe dava uma belíssima perna para caminhar, mas agora precisava de disciplina. Teve que se disciplinar para transformar seus sonhos em realidade. Resolveu estudar seriamente e, para isso, pagou um preço caro, deixando muitas coisas para trás. Sacrificou horas de lazer, estudando mais de 12 horas por dia para entrar na faculdade de medicina. No começo tinha vertigem e sentia-se tonto, mas perseverava. Seus sonhos o animavam, refrigeravam seu cansaço.

Os mais íntimos estavam céticos, outros ficavam perplexos com sua disposição. Ou ele prosseguia ou se entregava. Era mais fácil entrar numa faculdade menos exigente, porém desistir do seu sonho estava fora de questão.

Para alguns, seu projeto era loucura; para ele, era o ar que o oxigenava. Quando ninguém esperava nada dele, entrou na faculdade de medicina!

A.C. parecia um jovem alienado, mas no fundo sempre fora um questionador de tudo o que via e ouvia, e na faculdade de medicina não foi diferente. Não engolia as informações facilmente. Às vezes tinha indigestão intelectual e arrumava alguns problemas por sua ousadia em pensar. Raramente aceitava uma ideia sem questionar seu conteúdo, ainda que não tivesse muitos elementos para julgá-la.

Sua memória não era privilegiada, mas tinha uma refinada capacidade de observação, um desejo ardente de fugir da mesmice e criar coisas originais. Era tão crítico que às vezes discordava de seus professores de psiquiatria e psicologia e acabava escrevendo a matéria em seus cadernos de forma diferente da que era ensinada. Como pode um mero estudante discordar de cultos professores? Não dava para saber se era um teimoso, uma pessoa fora da realidade ou um amante da sabedoria. Talvez fosse uma mistura de tudo isso.

Pouco a pouco ele desenhou na sua personalidade três características que estão escasseando atualmente: a arte da crítica, a coragem para pensar e a ousadia para ser diferente.

O medo de pensar diferente tem engessado mentes brilhantes. Muitos profissionais, empresários, executivos, estudantes têm asfixiado suas ideias debaixo do manto da timidez e da insegurança. A inteligência sempre precisou do oxigênio da audácia para respirar.

UM ACIDENTE EMOCIONAL

A.C. superava o estresse das provas e as dificuldades da vida com facilidade e nada parecia abalá-lo exteriormente. Todavia, o jovem ainda não conhecia as armadilhas da emoção, até que nas férias do segundo para o terceiro ano experimentou o último estágio da dor humana: uma crise depressiva.

Depressão era a última coisa que as pessoas achavam que ele poderia ter. Era sociável, estruturado, seguro, destemido e apaixonado pela vida. Mas seus conflitos internos, os pensamentos perturbadores e a influência genética (sua mãe tivera depressão) o levaram ao caos emocional.

A carga genética não determina se uma pessoa terá ou não depressão. Apenas em alguns casos ela pode gerar uma sensibilidade emocional exagerada que faz com que pequenos problemas causem um impacto interior grande. Entretanto, a educação e a capacidade de superação do EU podem fazer com que pessoas hipersensíveis aprendam a se proteger, evitando o risco de depressão.

A.C. não tinha aprendido a proteger sua emoção ou sequer sabia que isso era possível. Deprimiu-se, chorou sem lágrimas, mas ninguém percebeu sua crise, ele a escondeu dos colegas e dos íntimos, pois, como muitos, tinha medo de não ser compreendido, receio de ser excluído. Por isso, preferiu silenciar a dor que gritava no território da emoção.

Seu comportamento foi inadequado e gerou riscos desnecessários, pois a depressão é uma doença tratável.

O jovem andava cabisbaixo e angustiado. Não entendia o que era uma depressão, suas causas e consequências, pois ainda não tivera aulas de psiquiatria sobre o assunto. Só sabia que sentia uma profunda tristeza e aperto no peito.

Sua mente estava inquieta; seus pensamentos, acelerados e pessimistas. Não era amigo da noite nem companheiro do dia: tinha insônia e desmotivação. A alegria despediu-se dele como as gotas de água se dissipam no calor.

Os amigos estavam próximos, mas inalcançáveis. Sentia-se ilhado na mais profunda solidão. Nada o animava. O jovem extrovertido e seguro fora derrotado pela pior derrota, aquela que se inicia de dentro para fora. Perdeu a guerra sem nunca enfrentar uma batalha. A guerra pelo prazer de viver.

Todavia, quando a esperança estava cambaleante, algo novo surgiu. A.C. começou a questionar qual o sentido da sua vida e qual sua postura diante do próprio sofrimento e percebeu que tinha se conformado com seu drama emocional, não lutava interiormente e era um escravo sem algemas. Percebeu ainda que tinha sufocado seus sonhos, o sonho de ser um cientista e de ajudar a humanidade. Então, resolveu deixar de ser vítima da sua miséria psíquica e tentar ser líder do teatro da sua *psique*.

A.C. passou a seguir a trajetória de Beethoven, de Martin Luther King, de Abraham Lincoln e de todos os que não se conformaram com seu cárcere psíquico. Decidiu ir à luta contra o pior inimigo, aquele que não se vê. Empreendeu uma batalha dentro de si mesmo. Procurou perscrutar seu caos e entender os fundamentos da sua crise. Criticava sua dor e questionava seus pensamentos negativos.

A.C. queria, em seu desespero, explicar as forças que regiam o caos do campo da energia psíquica. Penetrou nos pilares do seu dramático conflito. Foi audacioso.

Nessa trajetória, entendeu que, quando as pessoas estão sofrendo e precisam mais de si mesmas, elas não se interiorizam, se abandonam. *Você se abandona em momentos difíceis?*

A.C. percebeu que as sociedades modernas se tornaram um canteiro de pessoas que fogem de si mesmas. Estão sós no meio da multidão, nas escolas, nas empresas, nas famílias.

A.C. aprendeu rápido uma grande lição da inteligência:

> *Quando o mundo nos abandona, a solidão é superável, mas quando nós mesmos nos abandonamos, a solidão é quase insuportável.*

NASCE UM GRANDE OBSERVADOR

A.C., embora imaturo, não se autoabandonou. Ao contrário, passou a ter longos diálogos consigo mesmo. Embora inexperiente, sua intuição criativa e o desejo ardente de superar seu secreto caos o levaram a descobrir uma técnica psicoterapêutica que revolucionaria sua vida e de seus futuros pacientes: "a mesa-redonda do EU".

A mesa-redonda do EU é o resultado do desejo consciente do ser humano de debater com todos os atores que financiam as doenças psíquicas, como a síndrome do pânico, a depressão, a ansiedade, sejam os atores do passado (contidos no inconsciente), sejam os do presente (pensamentos, sentimentos e causas externas). É uma técnica que fortalece a capacidade de liderança do EU e estimula a arte de pensar.

Nessa técnica, o EU, como agente consciente, decide ser ator principal do teatro da mente e não mais ator coadjuvante ou, o que é pior, um espectador passivo. Ele começa a libertar sua criatividade para criticar, confrontar, discordar e repensar as causas que financiam os conflitos, e para atuar contra os pensamentos negativos, as ideias mórbidas e as emoções perturbadoras geradas por esses conflitos. Essa técnica é um mergulho interior.

A.C. usou a mesa-redonda do Eu para deixar de ser passivo. Ele reuniu, sem ter consciência inicial, duas bases analíticas e cognitivas da psicoterapia que desenvolveria posteriormente: a primeira investiga as causas e a segunda atua no palco da mente. Essas duas bases estavam separadas na psicologia moderna.

Nosso jovem debatia consigo mesmo as causas conscientes e inconscientes da sua depressão e, ao mesmo tempo, confrontava os pensamentos derrotistas. Passou a criticar sua submissão à depressão. Perguntava-se: "Por que estou deprimido? Onde tudo começou? Por que sou um servo das ideias que me angustiam? Discordo de ser escravo dos meus pensamentos? Não me conformo em ser passivo?".

Ele fazia um debate inteligente e seguro no teatro da sua mente. O resultado desse processo foi o surgimento de um refinado observador do funcionamento da mente que pouco a pouco se tornou autor da própria história.

A depressão não foi suficientemente forte para aprisioná-lo. A.C. saiu mais forte, humilde, compreensivo. Seus sonhos se expandiram e voltaram a florir.

DESCOBRINDO QUE O TEMPO DA ESCRAVIDÃO NÃO TERMINOU

O transtorno emocional de A.C. o levou a enxergar a dor por outro ângulo. Entendeu que a dor nos constrói ou nos destrói e preferiu usá-la para se construir. A depressão foi um instrumento maravilhoso para humanizá-lo e torná-lo pouco a pouco um cientista da psicologia.

Nessa caminhada interior, reconheceu convictamente que somos os maiores carrascos de nós mesmos. Sofremos por coisas tolas, nos angustiamos por eventos do futuro que talvez jamais ocorram, gravitamos em torno de problemas que nós mesmos criamos.

Os conflitos intangíveis deixaram de assombrar A.C. e ele perdeu o medo dos monstros escondidos nos bastidores da sua mente. Enfrentá-los foi um grande alívio.

Nessa escalada de investigação, o jovem compreendeu que um dos maiores erros da psiquiatria e da educação clássica é transformar o ser humano num espectador passivo dos seus transtornos psíquicos. Percebeu que treinar o EU para ser líder de si mesmo é fundamental para a saúde psíquica e entendeu que a quase totalidade das pessoas possui um EU malformado que não gerencia seus pensamentos nem protege sua emoção adequadamente.

A.C. ficou impressionado com o paradoxo do sistema social e questionava-se com frequência: que ser humano é esse que governa o mundo exterior, mas é frágil para governar o mundo psíquico?

Por estudar dedicadamente a construção da inteligência, A.C. começou também a compreender algo que o incomodou: o tempo da escravidão não terminou. Abraham Lincoln, Luther King e muitos outros lutaram contra a escravidão e a discriminação, mas onde estão as pessoas livres?

Ele começou a desconfiar de que vivemos em sociedades democráticas, mas somos frequentemente sujeitos ao cárcere da emoção, do mau humor, das preocupações com a existência, da tirania do estresse, da ditadura da estética, da paranoia do *status* social e da competição predatória.

As pessoas vivem porque estão vivas, mas raramente questionam o que é a vida, porque são tão ansiosas que nem sabem pelo que vale a pena lutar.

Ele se perguntava: "Onde estão as pessoas cuja mente é um palco de tranquilidade? Onde estão as pessoas que contemplam o belo, que extraem prazer das pequenas coisas, que investem naquilo que o dinheiro não compra?". A.C. procurava essas pessoas no tecido social, mas não as encontrava.

Anos depois, quando A.C. se tornou um psiquiatra, passou a aplicar as técnicas e os conhecimentos que desenvolveu naquela época em seus pacientes.

Seu primeiro paciente tinha uma grave e crônica síndrome do pânico associada a fobia social. Fazia 12 anos que não saía de casa, não comparecia a festas, não visitava amigos. Era um prisioneiro dentro e fora de si.

A.C. procurou compreender as causas psíquicas e sociais do conflito de seu paciente e pediu que ele fizesse a mesa-redonda em seu íntimo, desenvolvendo a arte da crítica e da dúvida contra sua masmorra psíquica.

O paciente resgatou a liderança do EU. Deixou de ser vítima dos seus conflitos e passou a ser agente modificador da sua história. Em poucos meses reeditou o filme do inconsciente, resolvendo o pânico e a fobia social. Encontrou o tesouro da *psique*: a liberdade interior.

Experiências como essas levaram A.C. a entender que todo ser humano tem um potencial intelectual represado debaixo dos destroços das suas dificuldades, perdas, doenças psíquicas e ativismo profissional. Felizes os que os libertam.

PENSANDO O PENSAMENTO. DANDO RISADA DAS PRÓPRIAS TOLICES

Após sair da crise depressiva, A.C. não cessou sua jornada interior. Continuou a pesquisar e procurar descobrir como se transformam as emoções e a analisar como se constrói o mundo das ideias. Era um grande atrevimento! Raramente os pensadores da psicologia entraram nessa seara do conhecimento.

Freud, Jung, Skinner usaram o pensamento pronto para produzir a teoria sobre a personalidade. O jovem estudante de medicina desejava ir mais longe. Queria investigar o próprio processo de construção dos pensamentos. O resultado? Nunca ficou tão confuso.

Todavia, aos poucos compreendeu que cada pensamento, mesmo os que consideramos banais, era uma construção mais complexa do que a construção de um supercomputador.

Ficava fascinado e perturbado quando analisava a forma como penetramos na memória com a rapidez de um relâmpago, em milésimos de segundos, e em meio a bilhões de opções resgatamos com extremo acerto os elementos que constroem as cadeias de pensamentos.

Ele ficou convicto de que o *Homo sapiens*, seja ele um intelectual ou um mendigo, um rei ou um súdito, possui a mesma complexidade de funcionamento da mente. Essa compreensão mudou a vida do jovem, fazendo-o admirar cada ser humano.

Embora ficasse mais confuso do que seguro nos primeiros anos, sua escalada científica levou-o a entender que cada ser humano é um mundo a ser explorado.

Não existem diferenças no funcionamento da mente humana. Não existem brancos, negros ou amarelos no universo da inteligência. Quais as diferenças entre psiquiatras e pacientes? Temos diferenças culturais na habilidade criativa, na capacidade de organizar as ideias, mas os fenômenos que constroem todas essas diferenças são exatamente os mesmos.

A.C. entendeu que os mesmos mecanismos que constroem pensamentos na mente de um cientista também estão presentes numa criança com síndrome de Down. A diferença está apenas na reserva do córtex cerebral, no armazém dos dados utilizados.

A.C. começou a investigar esses fenômenos universais e produzir, assim, ciência básica para a psicologia, psiquiatria, sociologia, ciências da educação. Ciência básica é o alicerce da própria ciência. Sem ela, o conhecimento não se expande com maturidade.

Em seu sonho ele não desejava que sua teoria competisse com outras teorias, mas que pudesse produzir tijolos para unir, criticar e abrir avenidas de pesquisas para elas. Este era seu projeto. Para ele, as ciências humanas estavam fechadas em tribos, teorias e disputas irracionais.

Ele questionava o papel da ciência que trouxe tantos avanços tecnológicos, mas não avanços no território da emoção. Queria expandir a ciência e humanizá-la. A ciência deveria servir à humanidade e não a humanidade servir à ciência.

FASCINADO COM SUAS IDEIAS, MAS DISTRAÍDO

Na faculdade, muitos tinham interesse em estudar sobre o coração, pulmões e outras especialidades, mas A.C. estava interessado em investigar a *psique*, o pequeno e infinito mundo que nos tece como espécie inteligente.

Quando seus professores terminavam de dar uma aula prática junto ao leito dos pacientes com câncer, cirrose, enfisema pulmonar, seus colegas saíam, mas ele ficava. Queria conhecer a história, os medos, os recuos, os pensamentos e os sonhos dos seus pacientes. Amava entrar no mundo deles.

Entendeu que cada ser humano, até as pessoas mais complicadas, tinha uma história fascinante. Era capaz de observar horas e horas uma criança ou conversar longamente com os idosos. *Você conhece os sonhos e os medos das pessoas mais próximas?*

Pouco a pouco, A.C. libertou sua criatividade e sua consciência crítica. Apesar de ter bons professores de psiquiatria, expandiu suas críticas a muitas ideias que eles ensinavam. Para ele, a mente humana era mais complexa do que as neurociências viam. A mente era mais do que um computador cerebral.

Compreendia que na base da depressão e da ansiedade existiam diversos fenômenos psíquicos que atuavam sutilmente, e não apenas as substâncias químicas. Como estudava a construção dos pensamentos, percebia que o EU facilmente poderia se tornar ator coadjuvante no teatro da mente, incapaz de administrar os pensamentos perturbadores, as ideias fixas, os conflitos existenciais.

A.C. registrava todas as suas descobertas. Os tempos tinham mudado. Na adolescência detestava escrever, agora escrevia com prazer. Em qualquer lugar onde se encontrava fazia anotações. Seus bolsos viviam cheios de papéis. Libertar o mundo das ideias tornou-se uma aventura. No final da faculdade tinha diversos cadernos anotados. Por pensar tanto, era desconcentrado e distraído.

Certo dia em que chovia muito, ao descer do ônibus, abriu seu guarda-chuva. Chegando ao hospital da faculdade, percorreu os compridos corredores. Cumprimentou as pessoas que olhavam para ele sorrindo. Ficou alegre por estar sendo observado. Depois de caminhar mais de cem metros, entrou no elevador e de repente percebeu que estava com o guarda-chuva aberto. Olhou para as pessoas meio sem graça, mas não ficou constrangido. Aprendeu a dar risada das suas tolices.

Se não desse risada, não sobreviveria, pois essas reações bizarras eram comuns. Ao rir de si mesmo, sua vida ganhou mais suavidade.

ENFRENTANDO COM ALEGRIA O DESERTO NO CASAMENTO

A.C. começou a namorar uma estudante de medicina. Quando o relacionamento criou raízes, ele assustou-a falando-lhe de seu projeto como cientista. Comentou que tinha um sonho que o controlava e que investiria sua vida nesse sonho. Casar-se com ele era correr risco. Apaixonada, ela aceitou esse risco.

Eles se casaram ainda estudantes, ele no início do sexto ano, ela, no quarto. Passaram enormes crises financeiras. No primeiro ano do casamento tinham um carro simples, mas faltava dinheiro para colocar combustível. Seu carro parou 15 vezes no meio da rua por falta de gasolina. Ninguém entendia por que um médico empurrava tanto seu carro na rua. Os vizinhos pensavam que se tratava de um médico, mas, na verdade, era um duro estudante de medicina. Um sonhador sem dinheiro.

Foram poéticos vexames. Na sua casa não entrava frango, peixe ou outros tipos de carne, não porque o casal fosse vegetariano, mas porque as dificuldades financeiras eram tantas que não tinham condições de comprar. Mas eram felizes na escassez. Aprenderam a extrair prazer das coisas simples.

No último ano de medicina escreveu quatro horas por dia. Nessa época descobriu o fenômeno da psicoadaptação – a incapacidade da emoção humana de reagir diante da exposição repetida do mesmo estímulo.

Esse fenômeno o levou a entender a perda da sensibilidade e capacidade de reação. Compreendeu por que os soldados nazistas, pertencentes à nação que mais ganhara prêmios Nobel até a década de trinta do século XX, não reagiram quando viram as crianças judias morrendo nos campos de concentração.

Entendeu que o *Homo sapiens* pode se psicoadaptar inconscientemente a todas as mazelas sociais, como as guerras, o terrorismo, a violência, a discriminação, e ter um conformismo doentio. O anormal pode se tornar normal. O EU pode ficar impotente, frágil, destrutivo e autodestrutivo.

Entendeu que a frequente exposição à dor do outro pode gerar insensibilidade se não for trabalhada adequadamente. Em menor escala, médicos, advogados, policiais, soldados e qualquer pessoa que trabalha continuamente com sofrimentos e falhas humanas pode anestesiar seus sentimentos diante das angústias alheias. Eles falam da dor das pessoas sem nada sentir. Tornaram-se técnicos frios. Tal frieza não é uma proteção, mas uma alienação inconsciente.

O ENGESSADO SISTEMA ACADÊMICO

Foram muitas outras descobertas. Todavia, sua produção de conhecimento ainda estava no amanhecer. Era um questionador que aprendera a valorizar os dois principais pilares que formam os pensadores: o pilar da filosofia, a arte da dúvida, e o pilar da psicologia, a arte da crítica.

Entendeu que os que não aprendem a duvidar e criticar serão sempre servos. A aceitação passiva das respostas pode abortar o desenvolvimento da inteligência. Os psicopatas nunca duvidaram de si mesmos, nunca criticaram sua compreensão da vida.

Começou a entender algo que o perturbava: o sistema acadêmico, por ser fonte de respostas prontas, estava destruindo sutilmente a formação de pensadores no mundo todo. O conhecimento dobrava a cada cinco ou dez anos, mas a formação de engenheiro de ideias estava morrendo.

Apesar de ter em alta conta os professores, A.C. considerava que o sistema acadêmico estava doente, pois formava universitários para consumir informações sem crítica, sem contestação. Os jovens estavam se tornando meros repetidores de informações, sem adquirir capacidade de enfrentar desafios e assumir riscos. O templo do conhecimento havia perdido os fundamentos do livre pensar.

Após terminar a faculdade, ele procurou uma grande universidade para continuar suas pesquisas. Procurou um cientista, um doutor em psicologia, para expor suas ideias. Estava animado com a possibilidade de ser incentivado. Falou rapidamente sobre sua intenção de pesquisar a construção das ideias, a formação da consciência e a natureza da energia psíquica. O resultado? Foi humilhado.

O ilustre professor lhe disse: "Você está querendo ganhar o prêmio Nobel?". Fechou-lhe a porta. A.C. ficou abatido por um tempo, sentindo que a dor da rejeição é uma das piores experiências humanas. Mas ainda acreditava nos seus sonhos.

Posteriormente procurou uma universidade ainda maior. Desta vez foi mais preparado, pois, em vez de usar sua fala como argumento, levou uma apostila que continha centenas de páginas sobre suas ideias.

Enfrentou uma banca examinadora composta de ilustres professores de psiquiatria e psicologia. Acreditava que, mesmo que rejeitassem suas ideias, poderiam pelo menos ler seus escritos e respeitar sua capacidade de pensar.

Uma examinadora pegou seu material e perguntou-lhe rapidamente do que se tratava. Ele abriu a apostila e fez um breve comentário. Ela o interrompeu perguntando quem o tinha orientado.

Ele disse que o assunto era inédito, não havia orientador. O resultado? Foi mais humilhado ainda. A examinadora fechou a apostila sem folheá-la. Exalando autoritarismo e com o respaldo de toda a banca, devolveu-a dizendo que não havia espaço para ele naquela universidade. Pediu que retornasse à sua faculdade e pesquisasse debaixo da orientação dos seus professores. Mal sabia ela que ele escrevia as matérias de maneira diferente de como lhe ensinavam.

Os membros da banca não sabiam que as grandes teorias, como a psicanálise de Freud e a teoria da relatividade de Einstein, foram produzidas fora dos muros das universidades. Não entendiam que tudo o que é sistematizado fecha as possibilidades do pensamento, contrai o mundo das ideias.

Após essas experiências, A.C. fez várias tentativas para publicar seus estudos. Procurou muitas editoras. Esperou durante meses uma resposta. O resultado? O silêncio. Nenhuma editora sequer teve o trabalho de enviar-lhe uma resposta.

ENTERRANDO OS SONHOS NO SOLO DO SUCESSO

Depois dessa terceira derrota, o melhor que ele podia fazer era deixar de lado seus sonhos. Teria de abandonar a pesquisa e exercer apenas a psiquiatria clínica. Precisava sobreviver. Por meio das técnicas que aplicava, muitos pacientes com transtornos psíquicos graves davam um salto na sua qualidade de vida.

Em sua trajetória de pesquisa, ele desenvolveu funções nobres da inteligência que o faziam influenciar o ambiente e criar oportunidades. Era empreendedor, intrépido, questionador. Facilmente se destacava nos ambientes.

O resultado foi uma ascensão social meteórica. Começou a dar palestras e entrevistas na mídia sobre os conflitos psíquicos. Em menos de dois anos estava nos principais canais de TV do seu país e se tornara consultor científico de um dos principais jornais do seu continente.

A.C. tinha na mídia o espaço que muitos políticos ambicionavam e conseguiu *status* maior do que o das pessoas que o rejeitaram. Era um profissional reconhecido e admirado. Porém havia algo errado dentro dele. Estava infeliz. Por quê? Porque havia enterrado seus sonhos.

Os holofotes da mídia e os aplausos não ecoavam dentro de si. Seu íntimo vibrava com seu sucesso. Mas a fama o colocava num ativismo intenso. Não tinha tempo para aquilo que amava. Percebeu que precisava fazer uma difícil escolha. Teria de optar pelo *status* social ou pelo mundo das ideias. Teria de decidir entre a fama e o sonho de produzir ciência para ajudar a humanidade.

Alguns poderiam conciliar essas duas coisas, mas A.C. não conseguia. No auge do assédio social, resolveu abandonar tudo e procurar o anonimato. Ninguém o apoiou, somente sua esposa. Nada tão belo como nos reconciliarmos com nossos sonhos. Nada tão triste como desistirmos deles.

Muitos achavam loucura sua atitude, mas seu rosto voltou a brilhar. Encontrou a alegria oculta represada no secreto do seu ser.

Queridos leitores, não sei se vocês perceberam, mas a história de A.C. é a história de AUGUSTO CURY; a minha própria história.

Decidi compartilhá-la com vocês para dar um exemplo mais próximo de alguém que chorou, atravessou crises, abandonou seus sonhos, resgatou-os e investiu neles.

Os sonhos precisam de persistência e coragem para serem realizados. Nós os regamos com nossos erros, fragilidades e dificuldades. Quando lutamos por eles, nem sempre as pessoas que nos rodeiam nos apoiam e nos compreendem. Às vezes somos obrigados a tomar atitudes solitárias, tendo como companheiros apenas nossos próprios sonhos.

Mas os sonhos, por serem verdadeiros projetos de vida, resgatam nosso prazer de viver e nosso sentido de vida, que representam a felicidade essencial que todos procuramos.

Quando tomei a atitude de lutar pelos meus sonhos, eu não imaginava os acidentes do caminho que ainda enfrentaria. Não tinha ideia de que em alguns momentos meu mundo desabaria e não teria solo para pisar. Só sabia que havia riscos nessa jornada e teria que corrê-los.

Permita-me continuar.

UM AMBIENTE INUSITADO

Queria encontrar um lugar único para escrever. Saí da capital de São Paulo e fui para o interior. Construí minha casa e minha clínica no centro de uma mata. Também lá estabeleci meu consultório.

Comecei tudo de novo. Mas eu me perguntava: quem iria procurar um psiquiatra no centro de uma mata? Será que teria que enfrentar uma nova crise financeira? No entanto, pouco mais de um ano depois, minha agenda estava cheia.

Por morar no centro de uma floresta, aconteceram coisas incomuns. Por duas vezes entraram cobras na sala de atendimento, que ficava voltada para um belo mural de árvores nativas.

Bem-humorado, ensinei meus pacientes a pensar. Acalmava-os dizendo que o problema não são as cobras das matas, que só atacam se ameaçadas, mas as cobras das cidades (a violência social) e as cobras da nossa mente. São elas que envenenam a saúde psíquica. Ninguém pode fazer tanto mal ao ser humano quanto ele mesmo.

Meu objetivo principal como psiquiatra e psicoterapeuta era estimular meus pacientes a serem autores de suas histórias. Certa vez um engenheiro e professor universitário procurou-me com um grave quadro obsessivo. Havia vinte anos que se atormentava com inúmeras imagens diárias de uma faca entrando no peito do filho ou com imagens do seu próprio corpo mutilado num acidente de carro.

Passara por 11 psiquiatras, tinha tomado todo tipo de remédio, sem obter melhoras. Fora diagnosticado como psicótico erroneamente, pois, apesar de ser escravo das imagens que pensava, tinha consciência de que eram irreais. Nos últimos quatro anos isolara-se dentro do seu quarto, onde vegetava e chorava. Raramente alguém viveu num calabouço tão intenso.

Ao tratá-lo, expliquei-lhe o que era a construção multifocal de pensamentos. Comentei que ou ele governava seus pensamentos ou seria dominado por eles. Incentivei-o a criticar cada pensamento de conteúdo negativo e reescrever a sua história. O engenheiro de profissão passou a ser um engenheiro de ideias. Aprendeu a gerenciar os pensamentos e proteger sua emoção.

Melhorou tanto após alguns meses que, por estranho que pareça, sua esposa caiu em depressão e precisou ser tratada. Não sabia quem é que dormia ao seu lado, pois havia casado com uma pessoa doente.

Em outra ocasião, atendi um paciente de cor negra com baixíssima autoestima, inseguro e bloqueado, tanto por seus problemas como pelo fato de não poder pagar a consulta. Percebendo seu bloqueio, fitei-o nos olhos e perguntei com firmeza: "Quem é mais importante, eu ou você?".

O paciente ficou chocado com a pergunta. Respondeu sem hesitar: "Você!". Reagi: "Nunca diga isso. Não importam seus conflitos e sua condição financeira, você é tão importante quanto eu, tão capaz quanto eu, tão digno quanto eu". Durante o tratamento, ele deixou de ser marionete das suas mazelas psíquicas e começou a ser diretor do palco da sua mente. Encontrou orvalhos em suas manhãs.

Por pesquisar o funcionamento da mente e utilizar as ferramentas psicológicas subutilizadas em cada ser humano, muitos pacientes crônicos e com doenças resistentes expandiam a arte de pensar e davam um salto de qualidade na sua saúde psíquica.

Os resultados me levaram a ter oportunidade de atender pacientes de outros países.

Eu não apenas ajudava meus pacientes, mas também aprendia com eles. Para mim, todos têm algo a ensinar, mesmo um paciente psicótico, cujos parâmetros da realidade estão desorganizados.

Eu aprendi a amar tanto meu trabalho que conseguia encontrar riquezas nos escombros dos obsessivos, dos ansiosos, dos depressivos e até das pessoas que pensavam em suicídio.

Acredito que todo ser humano tem ferramentas para ser um pensador. O desafio consiste em levar cada um a encontrá-las. O problema é que a maioria das pessoas conhece, no máximo, a sala de visitas do seu próprio ser. *Você pode admitir que as pessoas não conheçam, mas jamais deve ser um estranho para si mesmo.*

UMA SÍNTESE DAS DESCOBERTAS

Minha produção científica intensificou-se, obrigando-me a reduzir meus atendimentos. Passei a escrever mais de vinte horas por semana, depois trinta. Certa vez sentei-me às nove da manhã e levantei-me da cadeira à uma da madrugada sem nenhuma interrupção. Estava absorto pelos meus sonhos.

Os anos se passaram. Tive três filhas. Sou apaixonado por elas. Gastei tempo penetrando em seu mundo e deixando-as conhecer minhas aventuras, perdas, problemas, projetos. Queria ser fotografado nos solos da memória delas. Elas aprenderam a amar minhas histórias. Não queria ser grande externamente, mas grande no coração emocional de minhas filhas.

Minha esposa sempre foi maravilhosa. Ela tinha grande paciência comigo, pois, por escrever muito, raramente chegava a tempo nos compromissos sociais. O problema é que os anos se passavam e minha teoria era tão complexa que não conseguia terminá-la.

Certa vez, minha filha de 11 anos, que sabia que eu escrevia um livro desde antes de ela nascer, fez-me uma pergunta fatal: "Pai, quando é que você vai terminar seu livro?".

Esfreguei as mãos no rosto, olhei para ela e simplesmente não consegui dar-lhe resposta. Minha esposa se adiantou e, nas raras vezes em que perdeu a paciência comigo, disse: "Minha filha, seu pai nunca vai terminar esse livro. Pois, no dia em que terminá-lo, ele vai morrer...".

Felizmente, passados mais de 17 anos, terminei os pressupostos básicos da minha teoria e não morri. Escrevi mais de três mil páginas. Falo com humildade, mas, creio, fiz importantes descobertas que provavelmente reciclarão alguns pilares da ciência durante o século XXI.

É provável que essas descobertas venham a mudar a maneira como vemos a nós mesmos, como entendemos a nossa espécie. Somos mais complexos do que a ciência vinha imaginando.

O problema é que, apesar de amar meu país, sei que ele não valoriza seus cientistas, principalmente aqueles que desenvolvem teorias, que são fontes de pesquisas, fontes de teses.

Por serem muitas as descobertas, citarei brevemente apenas algumas. Essas descobertas têm inúmeras implicações que poderão surpreender o leitor. Por favor, não se preocupe se não entender todos os assuntos que serão citados a seguir. Até porque demorei quase duas décadas para entendê-los e ainda continuo aprendendo.

1. Não existe lembrança pura do passado como a humanidade sempre acreditou e como milhares de professores e psicólogos do mundo todo afirmam. O passado é sempre reconstruído no presente com microdiferenças devido às variáveis multifocais que participam do processo de leitura da memória. O presente relê o passado num processo contínuo, indicando que há uma revolução criativa em cada ser humano.

A primeira implicação dessa descoberta é que a educação praticada em todas as nações modernas que enfatiza o processo de lembrança exata está errada. As provas escolares que exigem a reprodução fiel da matéria ensinada pelos professores destroem a formação de pensadores e geram repetidores de informações.

A memória não é um banco de dados, mas um suporte para a criatividade. É possível dar nota máxima para um aluno que errou todos os dados. Deve-se analisar a inventividade, a originalidade, o raciocínio esquemático nas provas, e não apenas informações objetivas.

2. O registro na memória é involuntário, produzido pelo fenômeno RAM – registro automático da memória.

Primeira implicação: Dois anos em que os alunos ficam enfileirados na sala de aula registram milhares de imagens que produzem traumas psíquicos que podem se perpetuar por toda a existência. Essas imagens geram bloqueio intelectual, estabelecem uma hierarquia entre os alunos, produzem timidez, insegurança e dificuldade de debater as ideias em público.

Milhões de pessoas no mundo têm traumas produzidos pelas escolas.

A educação moderna é produtora de doenças emocionais. Os alunos deveriam sentar-se em semicírculo ou em "V" para serem debatedores de ideias, e não frágeis espectadores passivos.

Segunda implicação: É possível estimular o fenômeno RAM de crianças autistas, ampliar o registro das experiências psíquicas, expandir a capacidade de pensar e construir vínculos afetivo-sociais.

> **3.** A memória se abre por janelas que são territórios de leituras, e é o estado emocional que determina o grau de abertura dessas janelas. Se a emoção estiver tensa, ela fecha as janelas e bloqueia a racionalidade, levando o ser humano a reagir por instinto, como um animal. Se a emoção estiver serena e tranquila, abrem-se as janelas da memória e expande-se a arte de pensar.

Primeira implicação: Nos primeiros trinta segundos de tensão cometemos os maiores erros de nossas vidas. Ferimos quem mais amamos. Muitos cometem suicídio, homicídios, atos violentos nesse período. A melhor resposta quando estamos tensos é não dar reposta. É fazer a oração dos sábios: o silêncio. É pensar antes de reagir.

Segunda implicação: Deve haver música ambiente em sala de aula (clássica, de preferência), para cruzar informações lógicas com o estímulo emocional provocado pela música. Tal procedimento, associado à disposição dos alunos em "V" na sala de aula, reduz o estresse dos professores e alunos, melhora a concentração e o rendimento intelectual. Deveria haver também música ambiente e salas sem divisórias nas empresas para diminuir o estresse e melhorar o rendimento intelectual dos funcionários.

Diante dessa e de outras descobertas, desenvolvi o Projeto Escola da Vida,[1] constituído de dez técnicas psicopedagógicas facilmente aplicáveis em sala de aula de qualquer sociedade.

Essas técnicas trabalham o funcionamento da mente e educam a emoção, estimulando, assim, o prazer de aprender, a prevenção de

---

[1] O Projeto Escola da Vida está contido no livro *Pais brilhantes, professores fascinantes*, publicado pela Editora Sextante.

transtornos psíquicos, suicídios, violência (fenômeno *Bullying*) e formando pensadores. Centenas de escolas estão aplicando gratuitamente esse projeto e experimentando finalmente uma revolução educacional.

> **4.** A construção de pensamentos é multifocal. Há quatro fenômenos que participam dessa construção: a) o EU (representa a capacidade consciente de decidir); b) o fenômeno do autofluxo, que produz milhares de pensamentos diários, que, por sua vez, geram a maior fonte de entretenimento (pensamentos saudáveis) ou de terror psíquico (pensamentos perturbadores); c) o fenômeno da autochecagem da memória (gatilho da memória, que define os estímulos, ou seja, decifra instantaneamente as imagens e os sons do ambiente); d) a âncora da memória (janelas da memória, que são as áreas específicas de leitura). Os três últimos fenômenos são inconscientes.

O conhecimento sobre a construção multifocal dos pensamentos levará a uma revisão e expansão dos fundamentos da psicologia, pois revela que a nossa mente é muito mais complexa do que até hoje as teorias tinham imaginado.

Freud, Jung, Adler, Skinner não tiveram oportunidade de investigar e entender que o EU não é o ator único do teatro da mente. Existem três outros atores coadjuvantes que podem enriquecer a personalidade ou destruí-la, libertá-la ou aprisioná-la.

Primeira implicação: Pensar é o destino do *Homo sapiens* e não apenas uma opção consciente. Nenhum ser humano consegue interromper a construção de pensamentos. Se o EU não produz cadeias de pensamentos pelo desejo consciente, os outros fenômenos inconscientes as produzirão. Portanto, só é possível gerenciar a construção de pensamentos.

Segunda implicação: Sem gerenciar a construção de pensamentos, não é possível prevenir os transtornos psíquicos, promover a arte de pensar e gerar líderes de si mesmos. Como o sistema acadêmico mundial (da pré-escola à universidade) não preparou, nos últimos cinco séculos de difusão das escolas, o ser humano para exercer esse gerenciamento, vivemos um grande paradoxo: nos tornamos gigantes na ciência, mas meninos na maturidade psíquica.

Terceira implicação: Perdemos o instinto de preservação da espécie por não estudarmos o funcionamento da mente e entendermos os fenômenos que constroem as complexas cadeias de pensamentos. Não percebemos que esses fenômenos são exatamente os mesmos em todo ser humano.

Portanto, do ponto de vista psicológico, não há brancos, negros, judeus, árabes, americanos, reis, súditos. As guerras, a discriminação, as disputas comerciais predatórias e o terrorismo são frutos da autodestruição de uma espécie que não conhece o funcionamento da sua mente e não honra a arte de pensar.

Se os imperadores romanos, Stalin, Hitler e os senhores de escravos tivessem conhecido o tecido da própria inteligência, jamais teriam sido ditadores. Escravizaram porque foram escravos dentro de si mesmos. Só o conhecimento sobre si mesmo e o amor pela espécie humana libertam o *Homo sapiens* das suas loucuras.

> **5.** Tive a felicidade de descobrir a Síndrome do Pensamento Acelerado (SPA) e a infelicidade de saber que a maior parte da população mundial é portadora dessa síndrome.

A SPA é decorrente do aumento exagerado da construção de pensamentos por parte dos quatro grandes fenômenos citados há pouco. Mexemos perigosamente na caixa preta do funcionamento da mente por meio do excesso de informações (a cada cinco anos dobra o conhecimento, enquanto que no passado dobrava a cada duzentos anos), do excesso de estímulo da TV, da paranoia do consumismo, das pressões sociais, da competição excessiva.

Primeira implicação: Milhões de pessoas têm alguns dos sintomas da SPA: mente agitada, sofrimento por antecipação, sobrecarga do córtex cerebral, fadiga excessiva, déficit de concentração, esquecimento, dificuldade de contemplar o belo nos pequenos estímulos da rotina, sintomas psicossomáticos. Nas sociedades modernas, o normal é ser doente e estressado, o anormal é ser saudável, ter tempo para amar, sonhar, contemplar as coisas simples.

Segunda implicação: Por ter coletivamente a síndrome SPA, a juventude mundial viaja em suas fantasias e ideias, não se concentra, tem conversas paralelas e tumultua o ambiente da sala de aula. Tais comportamentos não ocorrem apenas por indisciplina, mas principalmente como tentativa de aliviar a ansiedade decorrente dessa síndrome.

O sistema social construído pelos adultos cometeu um crime contra a mente dos jovens. Eles perderam o apetite de aprender, são insatisfeitos, ansiosos, precisam de muito para conquistar pouco no território da emoção.

> **6.** Questionei, como disse, o modelo biológico dos transtornos psíquicos, como a depressão e a síndrome do pânico, fundamentados na ênfase simplista da ação dos neurotransmissores, como serotonina, adrenalina, noradrenalina.

Primeira implicação: Os transtornos psíquicos, ainda que possam ter influência biológica, são produzidos, em última instância, pela ação doentia dos fenômenos que constroem cadeias de pensamentos e reações emocionais e pela dificuldade do EU em exercer o seu papel de autor da própria história.

Segunda implicação: Os antidepressivos e tranquilizantes deveriam ser atores coadjuvantes do tratamento psíquico. Como vimos, o EU deve ser trabalhado para exercer o papel de ator principal no teatro da mente; caso contrário, será vítima das suas mazelas psíquicas. Essas descobertas abriram novas perspectivas para a psiquiatria e a psicologia clínica.

> **7.** Detectei três tipos fundamentais de pensamentos e sua natureza: o pensamento essencial, o pensamento dialético e o pensamento antidialético. O pensamento essencial é inconsciente, surge em milésimos de segundos após a leitura da memória e tem natureza real e concreta. Ele prepara uma pista de decolagem para a produção dos pensamentos conscientes, gerando a consciência existencial, a compreensão de que somos seres únicos no palco da existência.

Primeira implicação: A natureza virtual dos pensamentos conscientes leva o *Homo sapiens* a dar um salto indecifrável na compreensão da realidade do seu mundo psíquico e do mundo exterior. A virtualidade do pensamento libertou a mente humana, por isso discursamos sobre o passado, ainda que este seja irretornável, e sobre o futuro, ainda que seja inexistente.

Segunda implicação: A natureza virtual dos pensamentos conscientes, ao mesmo tempo em que expandiu a mente humana para compreender a realidade, fragilizou a atuação do EU como gerente ou líder da *psique*.

Para tentar explicar melhor esse assunto, imagine um quadro de pintura que tem sol, lago e árvores. O pensamento dialético é a descrição da paisagem, o pensamento antidialético é a imagem em si e o pensamento essencial é o pigmento da tinta. A única coisa real na pintura é o pigmento da tinta. As imagens e a descrição das imagens são elas, mas virtuais.

A última fronteira da ciência é estudar a natureza dos pensamentos. A grande questão é: pode o pensamento consciente, que é de natureza virtual, mudar a emoção (angústia, ansiedade, fobias, agressividade), que é de natureza real? Esta é a maior pergunta da ciência e poucos cientistas sequer a formularam!

Perguntando de outro modo: a imagem virtual pode mudar o pigmento da tinta?

Entendi que sim, caso contrário, o ser humano seria vítima, e não agente capaz de transformar sua história. Todavia não é uma tarefa simples. É necessário que os pensamentos conscientes, que são virtuais, sejam produzidos com emoção, que é de natureza real, para intervir na própria emoção. Caso contrário, acontecerão situações como esta: pessoas cultas vivendo no cárcere da emoção, não conseguindo mudar sua realidade, embora tenham consciência, muitas vezes, do que precisam corrigir.

Algumas pessoas fazem anos de psicoterapia, conhecem seus conflitos, mas não conseguem ser autoras da sua história. Recorde que para superar minha crise depressiva usei a técnica da "mesa-redonda do EU", bem como a arte da dúvida e da crítica. Essas técnicas me ajudaram a me autoconhecer e a intervir na dinâmica da minha personalidade.

8. Preocupado com o alto índice de transtornos psíquicos e estresse nas sociedades modernas, desenvolvi o projeto PAIQ[2] (Programa da Academia de Inteligência de Qualidade de Vida). O PAIQ é provavelmente um dos raros programas mundiais de qualidade de vida autoaplicável que dá acesso (gratuito ou a baixo custo) às ferramentas psicológicas fundamentais para prevenir doenças psíquicas, formar pensadores e expandir as funções mais importantes da inteligência, como pensar antes de reagir, gerenciar os pensamentos, proteger a emoção, superar a SPA.

QUASE VINTE ANOS SE PASSARAM

Após todas essas descobertas, estava animadíssimo. Afinal de contas, tinha renunciado a *status*, dinheiro, fama, sacrificara o tempo de minha família e dos amigos para investir nesse projeto.

Todavia, um grande problema surgiu. Que editora publicará um livro de três mil páginas? Não era comercial. Então, percebi que os cientistas são ingênuos, eles são impelidos pelos sonhos sem imaginar os problemas que enfrentarão.

Num esforço dantesco, tentei resumir meu texto em quatrocentas páginas e o enviei a algumas editoras. Queria ainda ser anônimo. Desejava que a força dos argumentos prevalecesse sobre minha antiga fama. Com grande expectativa, aguardava as respostas das editoras.

O tempo passou e nenhuma reposta veio. Quatro meses depois, recebi a primeira carta de uma editora. Meus olhos brilharam.

Enquanto abria a carta, fiz uma breve incursão nos longos anos de pesquisa. Lembrei-me do meu desejo ardente de contribuir para a ciência e melhorar a qualidade de vida das pessoas. Abri a carta. A resposta? Negativa. Não queriam publicar meu livro. Um livro é como um filho. Rejeitar um livro é rejeitar algo que tanto amamos.

---

[2] O Projeto PAIQ – Programa da Academia de Inteligência de Qualidade de Vida – está contido no livro *12 semanas para mudar uma vida*, publicado pela Editora Academia de Inteligência.

Fui golpeado nos recônditos do meu ser, mas não perdi a esperança. Pensava que certamente outras editoras se interessariam pelo meu trabalho.

Passado mais algum tempo, chegou outra carta. Peguei-a, sentei-me numa cadeira. Sentia-me como um jardineiro que cultivava ideias e via abrir o botão de uma flor. O resultado? Foi novamente negativo. Feri-me com os espinhos do fracasso. Quando estava no auge da fama, tudo parecia tão fácil. Agora, no anonimato, tudo parecia difícil. Recostei-me na cadeira e refleti. Não era um livro o que eu queria publicar, era uma vida.

As respostas que recebia eram evasivas. "Seu livro é interessante, complexo, mas não preenche nossa linha editorial".

Acreditava que algumas editoras nem o tinham lido.

Olhei para dentro de mim mesmo e não desisti. Tirei mais cópias do meu material e fui à pequena agência do correio da cidadezinha onde morava e o enviei a outras editoras. Foram mais longos meses de espera.

Aguardei ansiosamente a resposta. Algumas nunca chegaram. De repente, outra carta. Mais de um ano se passara. Agora acreditava que seria positiva. A resposta, infelizmente, foi novamente negativa.

Abatido, comecei a acreditar que minha teoria dificilmente seria publicada. Recordei-me das noites de insônia em que ficara perturbado com os mistérios insondáveis do universo da inteligência. Rememorei o tempo em que me deixei absorver por minhas ideias e todo o sacrifício que fizera por causa delas.

Passado algum tempo, chegou a quarta resposta. Desta vez, minha esposa veio entregá-la. Ela era ainda jovem e bonita. Eram muitos anos desde que a tinha assustado dizendo que passaria grande parte da vida investindo nesse sonho. Ela correu riscos junto comigo. Sonhamos juntos, choramos juntos.

Engoliu a saliva. Abriu a carta suavemente. A resposta? Mais uma vez negativa. O sonho tornou-se um delírio. Lágrimas rolaram pelas vielas do meu ser e pelos vincos do seu rosto.

A coleção de frustrações paralisou-me. *Janelas killers* foram produzidas. Era mais fácil enterrar meus sonhos. Era mais fácil represar minhas ideias. Afinal de contas, nem todos os sonhos se realizam.

O importante é tentar, pensei. Tentei, lutei, batalhei. Depois de mais de vinte anos, já era tempo de descansar.

AS ANDORINHAS CHILREARAM NA PRIMAVERA

Quando todos os íntimos não esperavam mais qualquer reação, olhei para tudo o que tinha produzido e acreditei em meu sonho. Refleti sobre as principais descobertas e tive a convicção de que elas poderiam contribuir para a sociedade. Fui novamente à pequena agência de correio e postei mais uma vez.

Passados alguns meses, veio uma resposta. Já não tinha grandes expectativas. Foram muitos os acidentes no caminho desde o tempo em que era um jovem estudante de medicina.

O que mais poderia esperar? De repente, a surpresa. Desta vez, afinal, a resposta foi positiva.

Uma grande editora resolveu apostar no projeto e publicar minha teoria. A aurora se estendeu em meu céu emocional. As andorinhas bailavam chilreando no anfiteatro dos meus pensamentos. Meu sonho deixou as páginas da minha alma e conquistou as páginas de um livro.

Publiquei-o com o título de *Inteligência multifocal*, nome da teoria. Entretanto, após publicar o livro, recebi outro golpe. Quase ninguém entendeu meus textos, de tão complexos que eram.

Os assuntos relativos à construção dos pensamentos, à formação da consciência e à estruturação do EU eram novos e muito complicados. Até psiquiatras, psicólogos, educadores tinham dificuldade em compreendê-los.

Apesar disso, recebi algumas mensagens de leitores dizendo que estavam impressionados com o conteúdo. Alguns cientistas começaram a usar a teoria para fundamentar suas teses acadêmicas. Mas poucas pessoas tinham acesso ao conteúdo. Poucos exemplares foram vendidos.

Teria de tentar explicar minha teoria numa linguagem mais acessível ou esperar que um dia, após minha morte, as pessoas a entendessem. Naquele momento vivi um dilema. Há um conceito na ciência, perpetuado até os dias de hoje, de que um pensador deve escrever apenas textos complexos, pouco compreensíveis para a maioria das pessoas. Resolvi estilhaçar esse conceito. Decidi democratizar a ciência, tornar as descobertas acessíveis à sociedade.

Resolvi escrever livros de divulgação científica. Sabia que a imprensa poderia classificar erradamente meus textos como autoajuda. Mas não me importei. O sonho de contribuir para a humanidade me envolvia. Assim, empenhei-me em nova e extenuante jornada.

Senti que precisava escrever algo inédito.

Como meu primeiro livro trata do processo de construção de pensamentos e da formação de pensadores, tive a ideia de usar a teoria para analisar a personalidade de um grande pensador da história.

Precisava escolher um grande personagem complexo e fascinante. Pensei em Platão, Alexandre o Grande, Freud, Einstein, John Kennedy, e muitos outros. Depois de muito pensar, fiz a escolha que aparentemente era loucura.

Resolvi analisar a personalidade daquele que dividiu a história da humanidade: Jesus Cristo. Desejei conhecer, dentro dos limites da ciência, como ele protegia sua emoção, como resgatava a liderança do EU nos focos de tensão, como gerenciava seus pensamentos, como estimulava a arte de pensar.

Decidi, portanto, entrar numa área que talvez ninguém tivesse investigado. Queria saber se ele era real ou fruto do imaginário humano, fruto da engenhosidade dos autores que escreveram suas quatro biografias, chamadas de Evangelhos.

Sabia que essa pesquisa poderia levar-me a receber muitas críticas, dos religiosos aos intelectuais. Afinal de contas era uma ousadia sem precedentes. Se estivesse na época da Inquisição, talvez não sobrevivesse. Como analisar a personalidade do Mestre dos Mestres? Como introduzir a psicologia numa área dominada completamente pela teologia? Algumas pessoas mais próximas acharam minha atitude arriscada.

Depois de análise criteriosa das suas quatro biografias em várias versões e de avaliar as intenções conscientes e inconscientes dos seus autores, fiquei perplexo e deslumbrado. Percebi que mesmo sem a paleografia (crítica dos textos) e a arqueologia, a psicologia podia provar que Jesus Cristo foi um personagem real. Pois fiquei convicto de que os princípios que regem sua personalidade estão além dos limites do imaginário humano.

Ele não apenas foi real como, sob os olhos da psicologia, foi encantador.

Preparei dois capítulos e propus que a minha editora os avaliasse. O título desse novo livro era *Análise da inteligência de Cristo*.

Meu editor achou muito interessante o texto, mas disse-me que, para publicá-lo, precisaria fazer algumas modificações, pois os textos eram muito audaciosos. Além disso, como o primeiro livro não fora um sucesso, teria de esperar um prazo prolongado para publicá-lo.

Eu respeitava meu editor e admirava sua competência, mas não era possível modificar o que eu pensava. Preferi não alterar o texto.

Estava convencido de que a psicologia me levara a descobrir coisas preciosas sobre o Mestre dos Mestres que talvez nunca tivessem sido compreendidas.

Fiquei intrigado ao perceber que ele é o personagem mais famoso da história, mas, ao mesmo tempo, o menos conhecido em sua personalidade. Compreendi que ele atingiu o topo da saúde psíquica e o ápice da inteligência nas situações mais estressantes. Por isso me perguntava com frequência: Que homem é este que tinha todos os motivos para ser deprimido e ansioso, mas foi plenamente tranquilo e feliz?

O SONHO TORNOU-SE REALIDADE

Passado um tempo, publiquei o livro em outra editora. O resultado? Algo que não imaginava. Um sucesso estrondoso. Várias pessoas disseram que não gostavam de ler livros, mas vararam a madrugada lendo-o. Resgataram o prazer da leitura. Viajaram pelo mundo das ideias.

Entre as muitas mensagens que recebi, uma jovem universitária disse-me que era muito crítica e que só gostava de ler Pablo Neruda, Camões e os filósofos. Tinha levado vários livros para ler nas férias, inclusive o meu, mas deixou-o por último, quando já não tivesse outra escolha. Após a leitura, escreveu que era o melhor livro que já lera.

Contando um pouco dos resultados. Hoje, mais de 10 milhões de pessoas leem meus livros todos os anos no Brasil e no mundo. Diversas faculdades de psicologia, pedagogia, direito, medicina, sociologia, usam minhas obras, inclusive são utilizadas pelos alunos em teses de pós-graduação. Atualmente meus livros são publicados em mais de setenta países. Lugares como Turquia, Noruega e Polônia, agora também terão minhas obras.

Além disso, meus livros estão sendo vertidos para o cinema e seriados. Uma executiva da Warner me escreveu dizendo que meus livros precisam ser filmados, pois são necessários para o mundo.

Outro executivo do cinema me enviou recentemente uma mensagem dizendo o seguinte: "Após analisar seus títulos, vou lhe sugerir uma proposta de desenvolvimento de projetos, tendo como formato final seriados com várias temporadas, séries com um número de episódios definido, ou filmes. Não existe um adjetivo em qualquer idioma falado no nosso planeta que possa qualificar a sua obra literária. Considero-lhe um profundo e brilhante conhecedor da mente humana. Um escritor com a habilidade de navegar pelos sentimentos do homem, trazê-los à superfície do consciente, desmistificá-los, e, de bom grado, oferecer ao público leitor um bálsamo para amenizar suas dores... A sua obra literária é caracterizada pela fala. Por conceitos oriundos da ciência da qual você é um mestre, da sua experiência de vida pessoal, da sua experiência profissional e, claro, da sua espetacular observação do ser humano na luta diária para sobreviver diante de todas as intempéries emocionais, psicológicas e materiais enfrentadas por cada um de nós nesta trajetória chamada VIDA".

Depois de tantas intempéries que passei, as editoras que antes me rejeitaram hoje anseiam publicar meus livros. Mas os alicerces da minha personalidade não são os meus sucessos, e sim as lágrimas, dores e fracassos que vivenciei.

A Teoria da Inteligência Multifocal está sendo estudada em pós-graduação (*latu sensu*) em diversas universidades. Vários profissionais estão se especializando, aplicando e expandindo suas ideias. Muitos se tornarão escritores e cientistas da área mais complexa da ciência: o mundo onde nascem os pensamentos e se transforma a energia emocional. Há muito que descobrir ainda sobre o que somos e quem somos. Mas já é um grande começo.

Como disse, a Inteligência Multifocal não compete com outras teorias, mas, ao estudar os fenômenos que estão nos bastidores de nossa mente, pode trazer luz às demais teorias, como a da psicanálise, a psicoterapia comportamental, a teoria de Piaget, a teoria das inteligências múltiplas, a inteligência emocional.

Alegro-me ao saber que inúmeros leitores estão aprendendo a ser líderes no teatro da sua mente, o que é uma tarefa difícil que exige treinamento.

Certa vez, após dar uma conferência em uma universidade, uma professora me abraçou emocionada, dizendo que sofria de depressão havia mais de seis anos, não tivera êxito no tratamento e havia tentado o suicídio. Mas, dois meses antes, leu três dos meus livros e sua saúde psíquica deu um grande salto.

Um livro normalmente não é capaz de produzir esse efeito. Toda autoajuda é fugaz, se evapora no rolo compressor da vida. Entretanto, pelo fato de divulgar ciência, levo as pessoas a descobrirem ferramentas que possibilitem a elas resgatar a liderança do EU, reeditar o inconsciente e deixar de serem vítimas dos seus transtornos.

Uma pessoa que possui uma doença psíquica deve procurar um tratamento psiquiátrico e/ou psicoterapêutico, mas usar essas ferramentas pode acelerar o tratamento, ser muito útil para nutrir a capacidade de decidir e alicerçar a segurança. Por isso muitos psicólogos e médicos estão utilizando-as.

Em Portugal, na cidade do Porto, há uma Academia de Sobredotados (gênios),[3] que é um dos raros institutos especializados nesta área no mundo. Seu diretor, Nelson Lima, um culto doutor em psicologia, tem ensinado seus alunos a conhecerem a construção de pensamentos a partir da Teoria da Inteligência Multifocal. O objetivo é que os sobredotados aprendam a se adaptar ao mundo externo conhecendo o mundo interior, o fascinante funcionamento da mente.

---

[3] Instituto da Inteligência (Academia de Sobredotados). E-mail: bircham@oninet.pt.

Não apenas a teoria da inteligência multifocal pode ajudar os sobredotados, como também a quem tem inteligência dentro da normalidade. Estes podem e devem expandir a arte de pensar por entender como se constrói a inteligência.

Só caminhamos nos solos da vida com segurança quando conhecemos os terrenos da nossa personalidade.

NOSSA ESPÉCIE ESTÁ ADOECENDO

Muitos dos que se julgam ateus são, na realidade, antirreligiosos (Nietzsche, 1997). Marx, Diderot, Nietzsche, por discordarem das atitudes religiosas agressivas e incoerentes da sua época, se voltaram contra a ideia de Deus.

Diferente deles, eu fui um ateu científico. Não sei se houve outra pessoa nessa condição. Por ser um pesquisador da construção dos pensamentos, investiguei se Deus não seria a mais brilhante construção da imaginação humana.

Todavia, à medida que estudava profundamente o funcionamento da mente, descobri que há fenômenos que ultrapassam os limites das leis físico-químicas. Esses fenômenos não se encaixam nas duas principais teorias da física moderna: a teoria da relatividade de Einstein e a da física quântica.

Percebi que somente um criador fascinante – Deus – poderia conceber e explicar o fantástico teatro da *psique*. A ciência que conduziu muitos a descrerem de Deus gerou em mim o contrário, implodiu meu ateísmo. Fez-me enxergar a assinatura de Deus atrás da cortina da existência. Vejo Deus no delírio de um psicótico, no sorriso de uma criança, na anatomia de uma flor e, principalmente, no mundo intangível dos pensamentos.

Acho belo as pessoas que têm uma religião, que defendem o que creem com respeito e que são capazes de expor e não impor suas ideias. Quanto a mim, não tenho nem defendo uma religião. Minhas pesquisas sobre Jesus Cristo me levaram a ser um cristão sem fronteiras.

Como disse, meus livros não apenas são usados nas universidades, mas lidos por cristãos, judeus, islamitas, budistas, ateus. Cada pessoa deve seguir sua própria consciência e ser responsável por ela.

As pessoas insistiam com Jesus para saber qual era seu rótulo, qual era sua bandeira. Ele as olhava e dizia: "Eu sou o filho do homem". Sua resposta era surpreendente. Ser filho do homem é não ter nenhuma barreira, nenhuma bandeira que segrega, a não ser a bandeira do amor, da entrega, da solidariedade. Ele era positivamente um servo da humanidade. Amava-a até o limite do impensável.

No mundo político, acadêmico e religioso (cristão e não cristão) existem grupos fechados, sectários, rígidos. Neste exato momento, em alguma parte da Terra, há pessoas matando, ferindo, destruindo, digladiando por causa das suas ideologias e de suas "verdades".

O conflito entre mulçumanos e o sistema ocidental infelizmente ainda vai produzir capítulos dramáticos. A crise na Chechênia, os conflitos no Sudão, a fome na África, as misérias na América Latina, os conflitos entre as Coreias, a crise entre a Índia e o Paquistão são sintomas de uma espécie doente.

Nossa espécie está doente, não apenas pelo estresse, pela competição predatória, pelo individualismo, pela síndrome SPA, mas também pela falta de amor, de fraternidade, de sabedoria. As ideias devem servir à vida e não a vida às ideias. Mas quem não é sábio serve às ideias. Os piores inimigos de uma ideia são aqueles que a defendem radicalmente, mesmo na ciência. Os radicais valorizam os rótulos, não sabem que o amor não tem cor, ideologia, raça e cultura. Infelizmente insistimos em nos dividirmos em americanos e árabes, judeus e palestinos, pessoas do primeiro mundo e do terceiro mundo, ricos e miseráveis.

Precisamos sonhar com o amor. Precisamos sonhar com uma humanidade fraterna, solidária, inclusiva, gentil e unida. Não é um dos maiores sonhos? Espero com humildade que minha teoria coloque um pouco de combustível na unidade de nossa espécie. Sempre fomos mais iguais do que imaginamos nos bastidores de nossas mentes.

OS SONHADORES NÃO SÃO GIGANTES

Fracassei muito, errei muito, conheci de perto minhas limitações. Hoje tenho tido mais sucesso do que mereço. O dia em que achar que mereço tudo que tenho deixarei de sonhar e criar. Serei estéril.

Mais de cem mil vezes por dia bilhões de células do nosso coração pulsam sem que peçamos. Temos muito que agradecer. Os sonhadores agradecem a Deus o espetáculo da vida. Eles não são gigantes nem pessoas especiais, mas pessoas que tombam, choram e se levantam.

Para mostrar aos leitores que cada pessoa tem tanta capacidade quanto eu e pode ir até mais longe do que fui, vou contar uma história real e curiosa.

Depois de 25 anos de formatura do ensino médio (segundo grau), minha turma resolveu fazer uma festa de confraternização. Foi uma alegria reencontrar meus colegas após tanto tempo. Brincávamos uns com os outros como se o tempo não tivesse invadido nossas vidas.

Nossos professores foram homenageados com justiça. No meio da festa, um grupo de alunos pediu silêncio para homenagear um colega. Num clima de muito riso, fizeram um teatro improvisado para mostrar como era seu comportamento. Contaram minha história. Homenagearam-me não por ser o melhor aluno, mas o mais relapso de todos.

Sorrindo, uns disseram que eu tinha apenas um caderno, mas não havia nada escrito. Outros comentaram que eu não tinha caderno algum. Depois de muitas gargalhadas, passaram a lista da média final das notas. Minha nota era a segunda da lista de mais de quarenta alunos, só que de baixo para cima.

Meus amigos vinham me abraçar emocionados, orgulhosos e impressionados em ver aonde cheguei. Alguns que tinham profissões bem humildes, mas não menos dignas do que a minha, me chamavam de doutor. Eu dizia: "Doutor? Eu? Não, sou apenas um amigo de vocês".

Então eu pegava a lista das notas e mostrava que eles eram melhores do que eu. Eram mais aplicados e eficientes. Ao recordar as notas, sentiam-se animados, resgatavam sua autoestima. Novos abraços, novos risos, nova comoção.

A VIDA É UMA UNIVERSIDADE VIVA

Tempos depois, quando eu estava escrevendo este livro, encontrei uma das minhas amigas daquele tempo, a Malu. Não tivera oportunidade de conversar com ela na festa de confraternização. Há 25 anos não nos falávamos.

Ela me disse que era professora numa escola pública da periferia de uma cidade distante. De repente, ela me comoveu com sua conversa. Comentou que há anos conta a minha história para seus alunos que são pobres, vítimas de violência, que vivem no meio de traficantes e não têm esperança de ascensão social.

Disse que conta minha história para estimular seus alunos a não terem medo de sonhar. Curioso, perguntei o que ela lhes dizia. Rindo, ela me respondeu que contava que eu era relaxado, não estudava, vivia distraído. Meus cabelos estavam sempre espetados. Os botões da minha camisa viviam abotoados errados. Metade da minha camisa ficava dentro da calça e metade, fora. Meu comportamento levava à loucura o inspetor de alunos, que era bem rígido com nosso uniforme.

Dei muitas risadas. No mesmo dia reuni minhas três filhas e contei-lhes o que a Malu me dissera. Minhas filhas riram bastante, mas comentaram que eu não tinha mudado muito. Brinquei com elas, ressalvando que pelo menos nas minhas conferências eu vou fantasiado de terno e gravata. Todos rimos. Minhas filhas e minha esposa cuidam de mim. Nunca sei combinar roupa, e, se me deixarem por conta própria, sou capaz de vestir uma meia de cada cor.

Antes de me despedir da Malu, indaguei: "Sabe de onde estou chegando?". Ela olhou-me sem resposta. "Da agência do correio, onde acabei de postar uma carta para Israel". Ela ficou surpresa. Continuei: "Essa carta contém um grande sonho, um contrato de publicação. Meus livros serão publicados no Oriente Médio". Ela ficou emocionada. Mais tarde ela se tornou uma leitora querida, e não apenas minha amiga. E hoje ela sabe que são mais de 70 países que me publicam, que milhões de leitores e inúmeras universidades estudam minhas obras. Ainda a semana passada fiquei sabendo que sou muito lido em Xangai, na China.

Eu tenho origem multirracial, judia e árabe, além de espanhola e italiana, o que me levou a ser um ser humano apaixonado pela humanidade. Os conflitos entre os povos tocam as raízes da minha emoção.

Sonho em ver um dia as crianças judias e palestinas brincando juntas e se abraçando nas ruas de Jerusalém. Sonho em ver os jovens de todo o mundo, hoje tão intoxicados digitalmente, sendo capazes de superar sua ansiedade e pensar não apenas como católicos, protestantes, islamitas, budistas, mas como família humana, sem medo do futuro. Que deem o melhor de si para a humanidade.

Aliás, houve um homem que pensava como família humana como nenhum outro. Era capaz de transformar prostitutas em rainhas e leprosos em príncipes. Como descrevo nos livros *O homem mais inteligente da história* e *O homem mais feliz da história*, que se tornarão um seriado internacional, as universidades e todas as religiões falharam em não estudar, sob os ângulos das ciências, a mente de Jesus, o maior professor de todos os tempos e o maior formador de mentes brilhantes da história.

Os alunos que ele escolheu só lhe davam dores de cabeça. Se houvesse uma equipe de psicólogos avaliando-os, creriam que nenhum deles passaria em provas ou concurso algum. Pedro era hiperativo, tenso e ansioso. João era bipolar, num momento era generoso, noutro queria eliminar quem não andava com seu mestre. Tomé era paranoico, acreditava em teoria da conspiração. Mateus, se vivesse nos dias de hoje, talvez fosse pego pela Lava Jato.

Contudo, para o Mestre dos mestres do treinamento intelectual não importavam as pedras brutas, Ele era capaz de transformá-las em obras-primas. Ele treinou o cérebro, a mente, a emoção dos seus alunos e os levou às alturas. Desenvolveu a maior *startup* mundial de educação. Mudou a história da humanidade...

Creia, você também pode chegar lá. Desejo que meus livros possam contribuir pelo menos um pouco para que o discurso de Martin Luther King faça eco naquela região e que os escravos do medo e do terror possam enfim cantar:

> "*Finalmente livres! Finalmente a paz triunfou sobre o ódio. Finalmente descobrimos que somos irmãos, que pertencemos à mesma espécie. Finalmente descobrimos que a violência gera violência, que os fracos condenam e julgam, mas os fortes perdoam e compreendem. Agora, enfim, podemos chorar, abraçar, amar e sonhar juntos!*"

ALGUMAS LIÇÕES PARA LIBERTAR O GÊNIO QUE ESTÁ EM VOCÊ

Alguns cientistas dizem que escrevi uma das teorias mais complexas da atualidade. Outros me acham especial porque recebi título de membro de honra de uma academia de gênios ou porque dou conferências para intelectuais. Mas não esqueça que fui um dos piores alunos da minha escola.

Escrevi minha história para mostrar que qualquer pessoa pode chegar aonde cheguei e me superar. Como pesquisador da inteligência, estou convicto de que minha inteligência não é melhor do que a de ninguém. A mais excelente genialidade é a construída nos escombros das dificuldades e nos desertos secos dos desafios.

Eu creio que não possuo a carga genética de um gênio e tenho convicção de que o anfiteatro da minha mente possui os mesmos "engenheiros" (fenômenos) que constroem uma usina de ideias em você. Por isso, realmente torço para que muitos jovens e adultos, por meio da leitura deste livro, sejam audaciosos em pensar, criar, construir e possam ir muito longe. Se passarem num concurso público, espero que não sejam conformistas, mas continuem brilhando, se reinventando, fazendo coisas incríveis.

Para encerrar este capítulo, gostaria de reforçar algumas lições que aprendi:

Aprendi que a disciplina sem sonhos produz servos que fazem tudo automaticamente. E os sonhos sem disciplina produzem pessoas frustradas que não transformam os sonhos em realidade. Eu ainda sou uma pessoa desorganizada em alguns pontos, mas em relação aos meus sonhos sou disciplinado, por isso escrevi mais de 50 livros. Quando escrevo, me concentro, esqueço do mundo, procuro ser mais do que um escritor, mas um escultor de ideias, um artesão das palavras, por isso é difícil traduzir minhas obras para outras línguas.

Aprendi que os sonhos transformam a vida numa grande aventura. Os sonhos não determinam o lugar aonde você vai chegar, mas produzem a força necessária para arrancá-lo do lugar em que você está. Se você tiver que fazer mudanças de rota, tenha outros sonhos, mas não deixe de sonhar, pois uma vida sem sonhos é um céu emocional sem estrelas, uma mente sem criatividade.

Aprendi que ninguém é digno do pódio se não usar suas derrotas para alcançá-lo. Se você tiver medo das derrotas, você não será digno dos mais diversos pódios que estão à sua frente. Vaias, deboches e fracassos devem nutrir sua coragem e capacidade de se reinventar, e não sua timidez e insegurança.

Aprendi que ninguém é digno da sabedoria se não usar suas lágrimas para cultivá-la. Se você se curvar fragilmente diante de suas lágrimas, dores emocionais e perdas, você não amadurecerá, nem se tornará um sábio. Não há céus sem tempestades, nem caminhos sem acidentes. Não tenha medo do caminho, tenha medo, sim, de não caminhar.

Aprendi que ninguém terá prazer no estrelato se desprezar a beleza das coisas simples no anonimato, pois nelas se escondem os segredos da felicidade. Alerto isso a todos as celebridades que treino. Seja durante a labuta ou quando atingir o sucesso, nunca se esqueça de que as verdadeiras celebridades não são os cantores, atores, esportistas, políticos, mas as pessoas que vocês amam. Dê atenção especial aos seus pais, cônjuge, namorado(a), filhos. Pergunte frequentemente a eles "o que posso fazer para torná-los mais felizes?". Diga-lhes sempre "obrigado por existirem, vocês são inesquecíveis"! Se você se esquecer de quem ama, poderá ser um mendigo emocional, ainda que more em um palácio. O sucesso o envenenou.

Aprendi, ainda, que não existem pessoas desinteligentes, "burras", azaradas, destinadas ao fracasso, incapazes de grandes realizações, de passar com maestria nas provas e concursos, de brilhar nas universidades ou de ser um notável profissional.

Esta obra é única. Não é apenas um treinamento da gestão da emoção para melhorar seu desempenho em testes e avaliações, escritos ou orais, mas em todas as provas da vida. Em minha "Academia de Gestão da Emoção" *on-line*,[4] que é a primeira desse gênero no mundo, eu digo que há um gênio dentro de cada ser humano. Não me refiro aos gênios genéticos, mas aos gênios que treinam seu cérebro,

---

[4] Quem quiser saber mais detalhes sobre a *Academia de Gestão da Emoção*, e ter acesso gratuito ao documentário "O melhor ano da sua história", no qual eu conto sobre os piores anos da minha existência e as ferramentas que usei para me reinventar, basta acessar: <www.academiadegestaodaemocao.com>.

que exercitam sua mente, que sabem fazer escolhas e que entendem que quem quer ganhar o essencial tem de fazer escolhas e aprender a perder o trivial, o irrelevante.

Liberte, portanto, o gênio sonhador, ousado e disciplinado que está em você. E entenda que quem vence sem riscos, tem sucesso sem glórias...

Cada ser humano é único, um mundo complexo e sofisticado que precisa ser descoberto.

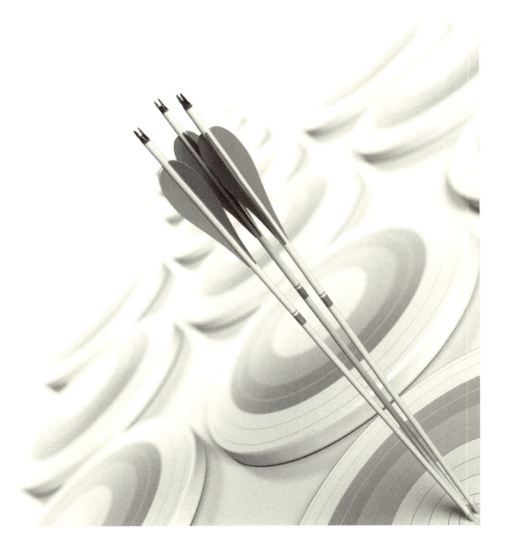

O QUE É A TEORIA DA INTELIGÊNCIA MULTIFOCAL – TIM 2

Somos o *Homo sapiens*, o homem que pensa, e esta relação entre um sujeito observador e pensante e um objeto que ele quer compreender pode-se chamar de **conhecimento**. O conhecimento, como a própria identidade humana e maior instrumento criado pela inteligência, é uma abstração que busca explicar o mundo. Configura-se pela relação entre um sujeito que observa e pensa e um objeto, uma coisa, um fenômeno ou uma situação que ele quer explicar. O conhecimento pode ser compreendido por meio de uma **informação**, ou seja, um dado com um significado. Esse dado de observação passa a ter sentido nas mãos de um sujeito inteligente, possuidor de outras informações.

O conhecimento pode ser também compreendido por meio de uma pergunta e uma consequente dúvida a respeito de algo, e essa pergunta ou dúvida é o **início da compreensão**: se não há dúvida, não se pensa sobre o tema, nem se acha a resposta. Sem dúvida não se pesquisa, e é a dúvida que permite a fixação do conhecimento.

Além disso, o conhecimento também pode ser compreendido por meio de hipóteses, ou seja, da antecipação de um resultado ou de uma explicação: *não se sabe se algo é assim ou se vai acontecer x ou y*, mas, a partir das informações que se tem, é possível prever um resultado.

> *Podemos definir, então, o conhecimento como fatos, verdades ou princípios adquiridos a partir de estudo ou investigação; aprendizado prático de uma arte ou habilidade; a soma do que já é conhecido com o que ainda pode ser aprendido.*

Conhecimento se diferencia de **informação**, que é a notícia ou inteligência transmitida oralmente, na forma escrita, por meio de fatos ou dados.

Atualmente, a informação pode ser encontrada em livros, na internet, numa aula, ou em diversos recursos tecnológicos disponíveis, mas o conhecimento só pode ser encontrado nos seres humanos. Conhecimento é entendimento, é a capacidade de aplicação da informação a um trabalho, uma prova, visando um objetivo específico, e somente os seres humanos são capazes de aplicar a informação dessa maneira.

A informação torna-se inútil sem o conhecimento do ser humano para aplicá-la produtivamente. Um livro que não é lido, não tem valor para ninguém, ainda que traga conteúdos incríveis.

Nas últimas décadas ocorreram mudanças gradativas na sociedade, que nos conduziram a um processo de globalização mundial caracterizado pela transição da *sociedade industrial* para a *sociedade do conhecimento*. O avanço das tecnologias em geral dominou esse primeiro momento, que teve foco na indústria, e agora todos esses recursos são somados ao conhecimento que altera a estrutura econômica das nações, para valorizar a personalização do trabalho humano, que agrega valor às tecnologias, por possibilitar que elas sejam utilizadas de outras formas.

Se observarmos atenta e detalhadamente a mente humana, percebemos rapidamente que no intelecto se escondem os maiores segredos do universo, como a *construção de pensamentos* e a *formação da consciência existencial*. A curiosidade, a observação, a capacidade de perguntar, a colheita de dados, a análise crítica, a consequência, a dúvida, a síntese e a conclusão são ferramentas refinadíssimas para se produzir conhecimento que nascem e se desenvolvem na *psique*. Há pensamentos sem ciência, mas não há ciência sem pensamento. A arte da crítica e das perguntas é a base para começar a evidenciar as grandes respostas. A partir dela surgem as ideias para utilização das tecnologias, para melhor aproveitamento de tudo o que está a nossa disposição.

Nunca podemos esquecer que a arte da crítica e das perguntas é a base para começar a evidenciar as grandes respostas ou pelo menos revelar quanto nossa produção de conhecimento nas ciências humanas ainda representa faíscas num universo complexo.

Existe, nos bastidores da mente humana, um incrível e infinito mundo a ser descoberto.

A TEORIA DA INTELIGÊNCIA MULTIFOCAL

A Teoria da Inteligência Multifocal – TIM, como o próprio nome já diz, é baseada nos múltiplos focos do funcionamento da mente, como o processo de construção de pensamentos; o processo de construção do EU como gestor da *psique*; os papéis conscientes e inconscientes da memória; o processo de gerenciamento da emoção e a formação das janelas traumáticas. Além disso, a TIM estuda o processo de interpretação, a construção das relações sociais e a formação de pensadores. Administrar bem os pensamentos é outra ferramenta fundamental para a obtenção do sucesso.

A Teoria da Inteligência Multifocal é uma das raras teorias que aborda os três tipos de pensamentos básicos: o **essencial** (inconsciente), o **dialético** (que usa os signos da linguagem e as imagens) e o **antidialético** (que é antilinguagem e prioriza o imaginário). Ela estuda criteriosamente o processo de construção de pensamentos, sobre a psicodinâmica dos fenômenos que leem a memória.

Com a TIM, estudamos também as janelas da memória e a impossibilidade de apagar a memória e os efeitos que isso terá na aprendizagem e no processo de formação de pensadores. Deveríamos ter grande interesse em estudar os mecanismos de formação do EU, o funcionamento do planeta mental e as funções mais complexas da inteligência para formar mentes pensantes, criativas, a fim de obter o sucesso desejado.

Temos uma existência superficial; não nos relacionamos adequadamente com nossas histórias e nossos projetos e não definimos nossos fantasmas mentais. Não é uma relação inteligente a que temos com nossos conflitos e traumas, nossas perdas e frustrações. Da maneira como enfrentamos esses conflitos e traumas, torna-se difícil reeditá-los, reescrevê-los, pois não há como deletá-los. De acordo com a natureza dos pensamentos, *estamos próximos de nós mesmos, mas infinitamente distantes*, pois os pensamentos nunca incorporam a realidade dos objetos pensados. Não conseguimos incorporar nem a realidade do mundo em que estamos (pessoas, objetos, fenômenos físicos), ou tampouco a realidade do mundo que somos (angústias, ansiedades, perdas, fobias). Esse entendimento é a revolução necessária para implodir nosso heroísmo, nosso endeusamento, nossa necessidade neurótica de poder e, enfim, incutir o respeito pelos diferentes.

A psicodinâmica dos pensamentos é consequência da consciência social. É o mais complexo desafio intelectual. A leitura da memória é de grande complexidade e importância, já que não temos consciência de como a acessamos de forma rápida, em milésimos de segundos, e não sabemos com que precisão ela resgatará as palavras de forma coerente, formando a construção de cadeias de pensamentos. Esse fenômeno é vital para o *Homo sapiens* e para a formação do ser humano como gestor do seu próprio EU.

Outro fenômeno que se deve considerar é a *autochecagem da memória*, ou *gatilho da memória*: trata-se de um fenômeno imperceptível, inconsciente, complexo e preciso que ocorre sempre que pensamos ou observamos algo, atuando na etapa inicial do processo de interpretação. O gatilho da memória dispara e abre as janelas da mente para que os estímulos sejam assimilados, produzindo os primeiros pensamentos. A leitura da história produzida pelo fenômeno da autochecagem e as cadeias de pensamentos geradas por ele contribuem para educar o EU, orientando-o inconscientemente a utilizar a memória e, ao mesmo tempo, estimulando a percorrer as mesmas trajetórias psicodinâmicas.

Como terceiro fenômeno, temos a âncora da memória, que é a forma como as experiências se consolidam nas *janelas da memória*. As janelas da memória são as regiões de leituras atuantes naquele momento. Existem três tipos de janela: as *janelas neutras* (são em grande número, talvez 90% dos arquivos armazenados no córtex cerebral, e contêm informações dos livros, números e milhões de imagens), as *janelas light* (são aquelas que armazenam o imaginário e altas cargas de tensão saudável, contêm experiências que libertam o EU e enriquecem o ato de pensar em seus amplos aspectos) e as *janelas killer* (contêm as experiências com alta carga de tensão doentia, aprisionam o EU e contraem o ato de pensar). As janelas killer e light são em menor número no córtex cerebral, mas têm grande poder de dominar e controlar positivamente ou destrutivamente o EU.

Os gatilhos da memória são acionados quando estamos diante de uma situação conhecida, que já nos trouxe alguma experiência. Por exemplo: se a experiência de fazer uma prova na infância nos foi positiva, certamente as experiências seguintes também serão, já que serão acionadas as janelas light, que guardam boas experiências. Por outro lado, caso tenhamos passado por situações traumáticas relacionadas a uma prova, como não podemos deletar a memória e não conseguimos lidar de maneira adequada com essa má experiência, sempre que nos depararmos com uma situação igual – uma prova, um concurso ou um simples exame –, nosso gatilho da memória será disparado e nos fará ter aquela primitiva sensação negativa, abrindo uma janela killer. Esse pode ser o caso de quem sabe todo o conteúdo e mesmo assim não tem sucesso na prova. É um problema comum provocado pelo acionamento negativo desse gatilho, que abrirá janelas traumáticas.

O fenômeno do *autofluxo* configura um fluxo independente, que se dá por si mesmo, de forma automática e contínua. Ocupa um lugar importante como mordomo da mente – os mordomos são fenômenos que leem de forma contínua a memória e reorganizam o caos da energia psíquica, logo, são fenômenos que promovem os processos de construção da inteligência. O autofluxo é o grande gerente coadjuvante do EU no processo de construção de pensamentos e emoções. É o responsável por abrir várias janelas e organizar personagens, ambientes e episódios, gerando uma construção multifocal de ideias e imagens mentais. Esses fenômenos estão na base da construção de pensamentos.

Outro fenômeno substancial é a *consciência do EU*, a consciência da existência, de quem somos e do mundo extrapsíquico. Sem esse fenômeno, não seríamos seres pensantes, seres que, muito além de pensar, têm consciência de que pensam, e têm consciência de suas emoções. Trata-se do fenômeno responsável pela leitura diretiva e pelo discurso lógico dos pensamentos. Cabe à consciência do EU atuar no processo de construção de pensamentos e na administração deles. Ele torna o *Homo sapiens* um ser que enxerga o universo a partir de si mesmo, fazendo com que sejamos seres únicos no palco da vida.

Por falar em pensamento, cabe lembrar que observamos três tipos substanciais de pensamento na mente humana: o *pensamento dialético* (que são os pensamentos lógicos), o *pensamento antidialético* (que são os pensamentos ilusórios) e o *pensamento essencial* (que é inconsciente, ou seja, é a base dos pensamentos).

O mais sofisticado fenômeno psíquico é o processo de construção das cadeias psicodinâmicas de pensamento, que são formadas por milhares de janelas que arquivam todas as informações recebidas ao longo de nossa vida. Os fenômenos que estão na base da identidade do ser humano atuam na liberação do imaginário, para que não sejamos repetidores de informações, mas, sim, que possamos criar novas ideias com liberdade criativa e plasticidade construtiva, ou seja, para que sejamos seres pensantes.

O *fluxo vital da psique* é outro importante elemento, que consiste na organização (pensar), desorganização (imaginar) e reorganização de pensamentos (pensamento mais estruturado), ideias, imagens mentais e fantasias. Os pensamentos e as ideias são construções intelectuais mais organizadas; imagens mentais se referem aos pensamentos antidialéticos, e as fantasias são imagens mentais nas quais viajamos e nos desconectamos da realidade.

> *Por isso, afirmamos que pensar não é uma opção do* Homo sapiens, *pensar é inevitável.*

Finalmente, temos as etapas do processo de interpretação em que os fenômenos intrapsíquicos atuam para construir as cadeias dos pensamentos. Havendo uma revolução silenciosa nos bastidores da mente, concluímos que o ser humano é micro e macrodistinto de si próprio, fazendo com que o EU esteja em constante evolução.

Com base na TIM, a análise e a consciência crítica nunca são absolutas, pois o outro – o interlocutor – também tem sua verdade, e não a considerar seria um autoritarismo de ideias. A TIM revela nossa igualdade psíquica, embora nas relações humanas existam concorrências baseadas nas diferenças triviais da humanidade, já que o conhecimento se funde para produção de ideias. A essa fusão de conhecimentos direcionada para a produção de ideias damos o nome de *primeiro processo mental*. Na construção de pensamento – *segundo processo* –, temos a transformação da emoção e da energia psíquica. Como *terceiro processo*, temos a mudança rigorosa da energia psíquica (consciente e inconsciente da memória), e, por fim, a formação da consciência existencial configura o *quarto processo*. São esses processos que transpõem todos os campos das atividades humanas de modo mais completo.

Em suma, os grandes processos mentais são quatro e eles se combinam para produzir o espetáculo das ideias.

1. *Construção de pensamentos*: a construção de pensamentos aborda os fenômenos inconscientes – o autofluxo, o gatilho da memória e as janelas da memória – e a atuação consciente e crítica do EU, tornando o pensamento lógico.
2. *Transformação da emoção*: é o processo mais complexo e mais sofisticado, do qual temos pouquíssimo conhecimento.
3. *Formação da história intrapsíquica*: baseia-se na memória. Sem esse registro ela não existiria.
4. *Formação da consciência existencial*: faz com que enxerguemos o universo a partir de nós mesmos, nos tornando seres únicos.

O maior produto da consciência existencial é o EU, que retrata, primordialmente, o desenvolvimento da personalidade e é o organizador dos pensamentos, ideias e imagens mentais lógicas.

Obviamente, não seremos autores absolutos de nossa história, já que não podemos controlar pensamentos e emoções, mas podemos ser protagonistas dela, deixando de nos vitimar, permitindo que nosso EU seja diretor da nossa vida, bloqueando males, como doenças psicossomáticas e outros transtornos psíquicos.

Visando garantir a saúde psíquica, o EU deve reparar seus defeitos de formação para ser o defensor da mente, e o caminho para isso é a prevenção.

Como não costumamos investir em conhecer os caminhos da nossa inteligência, faz-se necessário prevenir problemas somatizados para que nos tornemos seres humanos de excelência emocional e intelectual, obtendo qualidade de vida exemplar, tornando a sociedade e a humanidade melhores.

E como podemos fazer isso?

A mente humana tem várias armadilhas mentais sutis, como a autocomiseração (rescinde o EU, como agente de nossa história) e o conformismo (em vez de o EU ser o protagonista, ele se conforma com tudo o que está ao nosso redor, aceitando o que lhe é imposto). São essas armadilhas mentais que devem ser evitadas, para que possamos ser os autores da nossa própria história.

> *Pensar o pensamento é traduzir o intraduzível, é constatar o pensamento como mecanismo de comunicação de si para com o mundo.*

CONSTRUÇÃO DA PERSONALIDADE

No início da formação da personalidade – ou seja, no útero materno – há dominância dos fenômenos inconscientes. O EU ainda não existe, mas as janelas da memória já estão em formação, sendo armazenadas no fenômeno RAM (registro automático de memória).

O estresse materno influencia na formação da personalidade do bebê, pois o fenômeno RAM age rápida e profundamente, articulando a qualidade das experiências fetais que afeta o processo de formação da personalidade, podendo gerar crianças agitadas desde o ventre. Os estímulos podem ser saudáveis ou doentios, e é assim que vão se formando as janelas, milhares delas, demonstrando vasta heterogeneidade da vida uterina. Quando a criança nasce, deixa o útero materno e começa a fazer parte do útero social.

Com dois ou três meses a criança começa a aprimorar o autofluxo, o mundo das imagens mentais e das fantasias. A partir daí os gatilhos da memória nunca mais deixarão de funcionar e passo a passo se dará a formação do EU: ela começa a se compreender como ser único, deixando de ser expectadora passiva de seu desenvolvimento, para ser um ser atuante.

CONSTRUÇÃO DO PENSAMENTO

As variáveis que atuam no processo de construção de pensamentos se dividem em dois grupos: o *grupo estático* e o *evolutivo*.

O grupo estático baseia-se na abertura das janelas da memória, e o pensamento é construído conforme o número de janelas abertas. Se são abertas muitas janelas, o pensamento é mais complexo; já se abrirmos uma ou duas somente, teremos um pensamento mais simples. Essas janelas são abertas por áreas. Entramos na memória através de suas janelas e arquivos. Dependendo do arquivo (por exemplo, se ele contiver fobias, raiva ou ciúmes), o circuito se fecha, gerando a síndrome SiFE – síndrome do circuito fechado da memória, que indica que o pensamento não é linear. Não pensamos o que queremos ou quando queremos. Há uma série de variáveis estáticas e evolutivas que atuam em milésimos de segundo quando entramos nos bastidores da mente e construímos cada pensamento, cada imagem mental e cada fantasia.

Como a memória humana se abre por territórios, dependendo do ambiente e do estado emocional em que nos encontramos, abrimos mais ou menos janelas. Logo, a abertura das janelas é uma das variáveis para a construção do pensamento.

A leitura da memória é a segunda variável estática que interfere na qualidade da construção dos pensamentos. Toda memória é baseada em experiências anteriores – na história – e é ela que fundamenta a construção de pensamentos. Sendo assim, todo pensamento, por mais original que seja, tem influências consideráveis da história armazenada em nossa memória.

Para a construção do pensamento, há um resgate da memória em várias circunstâncias, vários ambientes, vários estados, tanto emocionais quanto sociais, em que nos encontramos. E isso determina a qualidade das reações que produzimos, das experiências intelecto-emocionais.

Conforme a quantidade e a qualidade das janelas abertas, teremos a quantidade e a qualidade correspondentes das informações que sustentarão a construção da cadeia de pensamentos e a dimensão dos pensamentos e das ideias que produzimos em nosso dia a dia.

Temos diversos ambientes que estão na *base do iceberg* e também interferem em nossa *psique*. Esses ambientes constituem o *grupo evolutivo*, que trata das variáveis que influenciam o processo de construção de pensamento.

O principal ambiente que interfere na nossa *psique* é o **emocional**, que determina a quantidade e a qualidade de janelas abertas em cada evento. Daí a extrema importância de se manter um estado emocional equilibrado.

A *ansiedade* é um fator importante na mente do ser humano. É ela que vai disparar o gatilho da memória, o autofluxo, e levar o EU a acionar a memória, construir pensamento e expressar as emoções num processo contínuo. Ela é diferente em cada indivíduo: se for intensa demais, pode gerar transtornos, e se muito retraída, causa apatia, bloqueando as atividades intelectuais, mas, na medida certa, ela nos leva à busca de sonhos e metas, projetos para o futuro, tornando o EU pleno.

Você pode se perguntar: *então a ansiedade não vai me atrapalhar nos estudos e nas provas?* Se for na medida certa, não. Ansiedade na medida certa nos leva a cautela, compromisso e responsabilidade. O importante é saber equilibrá-la.

Outro fenômeno importante é a *psicoadaptação*, ou seja, a capacidade de nos adaptar às diversas situações da vida, sendo elas boas ou ruins. Nem sempre vamos nos deparar com condições favoráveis e adequadas ao que precisamos naquele momento, mas, ainda assim, devemos manter o foco em nosso objetivo e não deixar que a situação adversa nos tire do caminho. Capacidade de adaptação é uma das grandes qualidades do *Homo sapiens* e devemos usá-la a nosso favor. O ideal, por exemplo, é termos um ambiente de estudo que nos estimule: claro, silencioso e paramentado com todo o material necessário, mas, se não o temos, devemos fazer o melhor possível com o que está em nossas mãos: não é isso que vai nos tirar do foco!

Há ainda outras variáveis que atuam no processo de construção do pensamento. O **grau de interesse** do indivíduo, por exemplo, determina o grau de abertura das janelas da memória ou o estado emocional, interferindo na qualidade e na quantidade dos pensamentos produzidos, das ideias e das soluções encontradas. O **ambiente motivacional**, outra variável, também é fundamental nesse processo. Essas variáveis atuam inconscientemente nos quatro fenômenos que constroem o pensamento – autofluxo, gatilho da memória, janelas da memória e o EU –, tornando o *Homo sapiens* uma usina de construção de pensamentos e emoções contínua.

Devemos conhecer o planeta psíquico, o processo de construção de pensamentos, a multiplicidade de variáveis que atuam para fazê-lo acontecer. Precisamos atentar para os fenômenos que estão na base da construção intelectual, da formação de pensadores, caso contrário, não contribuiremos com nós mesmos nem com os outros.

Para a Teoria da Inteligência Multifocal, todo ser humano é único. Diante de um objeto, dois observadores o veem de forma diferente, pois são seres distintos, cada qual com sua bagagem em seu mundo interpretativo.

A evolução constante das ideias, seja pela atuação, seja pela ação das variáveis nos fenômenos que processam a construção de pensamentos, é inevitável. A atuação do fenômeno RAM aumenta diária e continuamente a base da memória e nos transforma em história em expansão. O fenômeno RAM armazena, todos os dias, milhares de ideias, dados e informações. A memória, uma vez registrada, não pode ser deletada, apenas reeditada, reescrita.

Todo ser humano tem potencial intelectual para algumas genialidades. A genialidade genética está relacionada à facilidade de armazenamento, ao processo de recuperar informações e à elaboração de dados. A genialidade socioemocional pode transformar a maneira como pensamos, como nos vemos e nos relacionamos. É impossível controlar a evolução humana, não somos a mesma pessoa de ontem, estamos em constante evolução.

O PROCESSO DE COMUNICAÇÃO

De acordo com a Teoria da Inteligência Multifocal, o processo de comunicação é intermediado conforme as janelas que abrirmos e as sensações são reconstruções feitas pelas interpretações das situações pelas quais passamos. A comunicação interpessoal não ocorre no campo da energia psíquica, mas sim do equilíbrio dos códigos físico-químicos. É uma série de fatores físico-químicos que, organizados, levam o EU à efetiva comunicação social.

Vivemos num mundo de interpretações. Nossos sentimentos partem de nós mesmos. A democracia das ideias é uma das teses da TIM, e se trata de respeitar o outro, expor suas ideias e não as impor, dando o direito ao outro de pensar diferente e se expressar. Segundo a TIM, ser grande é fazer-se pequeno para tornar grandes os pequenos.

O mundo moderno sofre os excessos da era digital por conta da globalização. Em razão da tecnologia, tornamo-nos seres viciados. Não conseguimos nos desconectar, não podemos administrar o excesso de informações que recebemos, o que causa uma síndrome psicossocial: a síndrome da exteriorização existencial, ou síndrome do comportamento ausente. Trata-se da ausência de afetividade, de sensibilidade. Sem exteriorização, a pessoa vive somente dentro de si e é o *viver dentro de si* que leva a pessoa a ficar na superfície do planeta psíquico, ausente do outro e ausente de si mesmo.

Imersos na síndrome da exteriorização, os jovens preferem ficar horas incontáveis em redes sociais a minutos se interiorizando, questionando-se sobre si, sobre a vida, a sociedade, a existência; os alunos sobrecarregados de estímulos não têm ideia dos fenômenos que os compõem como *Homo sapiens*. Não sabem da existência do fenômeno RAM, que arquiva cada pensamento, cada emoção, prazerosa ou angustiante, rapidamente e sem autorização do EU, que é o gestor psíquico. E, por não terem esse conhecimento, não desenvolvem as habilidades básicas do EU para atuar criticamente e com rapidez, refutando emoções e pensamentos inconvenientes.

> *Tudo o que é registrado não poderá mais ser apagado, só reeditado ou reescrito. Não somos tão livres quanto parecemos, estamos encarcerados no território das emoções.*

A memória é o centro do funcionamento da mente e da construção do pensamento. No sistema educacional, a lembrança é o pilar "nós não nos lembramos das informações contidas na memória; nós a reconstruímos".

Alguns elementos importantes interferem na leitura e utilização da memória e, consequentemente, na multiplicidade de pensamentos e emoções:

- Estado emocional no momento do resgate da memória – como estou.
- Ambiente social em que o indivíduo se encontra – onde estou.
- Ambiente da memória – em que janela estou.
- Capacidade de gerenciar a perda – quem sou eu enquanto autor da minha própria história.
- Metabolismo cerebral – carga genética.

Lembrar é criar. É produzir distorções das experiências existenciais. As informações lógicas, que supostamente deveriam sofrer um resgate mais puro, sofrem distorções do estado emocional, motivacional, social e intelectual.

A formação de pensamento deve considerar o raciocínio multifocal (múltiplos ângulos) e a intencionalidade nas provas, bem como a ousadia, a interação social, o debate de ideias, isto é, avaliar o processo de formação de ideias como um todo.

Precisamos apenas decidir que tipo de ser humano queremos ser: seres autônomos (que pensam) ou autômatos (que recitam informações). Precisamos decidir se vamos nos considerar como uma soma de sentimentos e emoções ou se vamos nos considerar em cada situação, de forma isolada.

O OBJETIVO DA MEMÓRIA

É a memória que armazena toda a história intrapsíquica do ser humano e ela é formada por milhões de experiências existenciais de todos os tipos, como prazer, tensão, ansiedade, medo, expectativa etc., desde a vida uterina. Esse armazenamento de sensações na memória se dá como um sistema de código físico-químico chamado de **representação psicossemântica (RPS)**.

Quando as informações são mais objetivas, as representações psicossemânticas (RPS) que traduzem as memórias são mais organizadas, facilitando a leitura e a recordação ou interpretação dessas informações. Se armazenadas de forma menos organizada, sua reconstrução pela interpretação é realizada sob uma forte influência das variáveis *quem sou, onde estou, como estou.*

As RPS são sempre simplistas e redutoras em relação às experiências originais. Na memória humana os canais se comunicam entre si e as informações e experiências armazenadas são arquivadas em áreas chamadas janelas da memória, que são interligadas. Umas abrem as outras, e algumas podem até fechar as outras.

As janelas killer (traumáticas) podem fechar milhares de outras janelas, fazendo com que o EU não tenha acesso às informações importantes, causando a *síndrome do circuito fechado da memória.*

Na memória, a história existencial (intrapsíquica) está organizada de maneira físico-química e, para que ela possa ser utilizada, deve ser reconstruída em sua natureza. Quem registra essas experiências de forma automática e inconsciente é o fenômeno RAM (registro automático de memória), e tudo o que é relacionado às emoções está ligado às janelas light e killer: as janelas light libertam o EU e enriquecem o ato de pensar, enquanto as janelas killer aprisionam o EU e reduzem o ato de pensar.

As RPS são sistemas de códigos físico-químicos simples e limitados, comparados à experiência original, e são resgatadas no processo de interpretação. Isso ocorre desde o útero materno até o último dia do útero social.

Logo, o grau de abertura das janelas e sua organização são diferentes em cada momento da vida, assim, não só duas pessoas podem ter opiniões diferentes sobre o mesmo objeto ou situação, como nós mesmos podemos, num momento diferente, ter uma nova interpretação.

Portanto, podemos concluir que o objetivo da memória não é guardar as lembranças, mas sim auxiliar na produção de novas experiências. Por isso perdemos a maior parte das informações recebidas no processo de desconstruir/construir, ficando apenas com o significado, que será a base das novas experiências e novas construções intelectuais. Todavia, a qualidade da história intrapsíquica dependerá da qualidade da RPS, que dependerá, por sua vez, da qualidade das construções psicodinâmicas, que também dependerão da qualidade do estímulo socioeducacional e do gerenciamento do EU sobre os processos de construção da inteligência.

Existem três tipos de memória, e cada um deles "nutre" o EU, fornecendo ferramentas para torná-lo capaz, saudável e inteligente, mas também fornecendo uma série de emboscadas e armadilhas que podem torná-lo doentio. A memória global, tanto genética como existencial, é a base do EU, fazendo com que ele exerça liderança sobre a *psique*.

A memória se divide em três grandes partes:

1. A memória genética.
2. A memória de uso contínuo (MUC).
3. A memória existencial (ME).

As memórias de uso contínuo e existencial (MUC e ME) são memórias existenciais, adquiridas desde a vida fetal. A diferença entre elas é que a MUC é fonte de matéria-prima para realizar atividades intelectuais e emocionais diárias e contínuas; enquanto isso, a ME representa todos os bilhões de experiências arquivadas ao longo da vida.

A memória genética é herdada dos nossos pais, cada uma das características genéticas ligadas ao comportamento pode produzir uma reação em cadeia que influenciará o processo de interpretação e as experiências emocionais do feto, do bebê, da criança, do adolescente e do adulto. É ela a responsável pelos instintos e atua conforme a memória existencial. A memória genética também é responsável pela comunicabilidade e pela saciedade.

A memória de uso contínuo (MUC) representa menos de 1% de toda a memória, e a acessamos diariamente até para nos comunicarmos. Tudo é arquivado na MUC, por meio da memória RAM.

A memória existencial (ME), ou memória inconsciente, caracteriza-se pelas regiões do subconsciente ou inconsciente em que o EU e outros fenômenos constroem cadeias de pensamentos que não são utilizadas frequentemente, embora também nos influenciem. A ME é formada pela MUC. Todas as experiências adquiridas durante toda a vida pela MUC são transferidas aos poucos para a ME. Do consciente para o inconsciente.

O fenômeno existencial inicia-se a partir da concepção, mas o cérebro se forma razoavelmente a partir do terceiro mês gestacional e é nesse período que a MUC começa a funcionar, arquivando rápida e intensamente os estímulos, automática e involuntariamente pelo fenômeno RAM, não sendo consciente, pois o EU ainda não existe.

Embora tenha uma mente complexa, o feto produz pensamento, mas sem consciência – mesmo o EU não existindo ainda. Logo, a educação se inicia no útero. O EU só se organiza como autoconsciente no útero social e amplia a MUC e a ME num processo constante e incontrolável, formando pouco a pouco pensamentos que darão voz às necessidades instintivas (sede/fome) e afetivas (afeto/proteção), para depois, ainda aos poucos, surgir a racionalidade mais complexa com as ideias, opiniões, compreensão, autoconhecimento, diálogos e autodiálogos. Esse é o fenômeno mais belo do psiquismo humano acelerando a construção do EU.

Na sociedade dos excessos, sujeitar as crianças ao exagero de informações, atolando-as de atividades, não lhes dará condições de formar um EU saudável. Essas informações são armazenadas de modo inadequado na MUC e não promovem a construção de uma mente criativa.

O objetivo é estimular a criança, com a ideia de contribuir para seu desenvolvimento e educação precoce, mas, se os estímulos forem impensados e excessivos, as informações se perderão nos labirintos das memórias.

Existe um movimento entre as duas memórias – a MUC (janela consciente) e a ME (janela inconsciente) – que faz o EU funcionar como o autor da sua própria história e exercer seu papel vital com muita competência. A ME é muito importante para a memória, mas é extraída da MUC a proteção da *psique* (filtragem de estímulos estressantes), portanto é melhor ter uma MUC saudável do que uma ME saudável.

A melhor maneira de reescrever o passado é reconstruindo o presente.

COMO RECICLAR NOSSA HISTÓRIA

O EU nos torna seres únicos. Tendo um EU saudável e inteligente, com funções vitais bem desenvolvidas, estamos estimulando consideravelmente a consciência de si mesmo e da complexidade do psiquismo. O objetivo aqui é jamais ser inferiorizado diante de outras pessoas ou se colocar acima de qualquer outro ser humano.

Desvendar a fisiologia e anatomia do EU nos faz pessoas melhores, potencializando nossas habilidades e trazendo mais possibilidades de reciclar nossa história.

A maior parte das ideias, pensamentos, emoções e motivações que são produzidas na mente não é determinada de maneira lógica e consciente pelo EU, mas sim pela ampla atividade dos três fenômenos inconscientes que leem a história intrapsíquica e produzem as centrais dos pensamentos essenciais desde o início da vida intrauterina.

Esses fenômenos recebem o nome de "mordomos da mente", são eles os responsáveis por sustentar o EU. Eles leem continuamente a memória e reorganizam a bagunça da energia psíquica. São os responsáveis pelo processo de construção da inteligência.

São mordomos psicodinâmicos: o fenômeno da autochecagem da memória, o fenômeno do autofluxo e a âncora da memória que, associados a outras variáveis, organizam, sustentam e educam o EU como grande gerenciador e redirecionador dos processos de construção da inteligência.

Embora os mordomos psicodinâmicos da *psique* tenham uma gama de produção de centrais de pensamentos essenciais, históricos e uma grande construção de pensamentos dialéticos e antidialéticos, somente o EU tem habilidade, ainda que limitada, de gerenciar, reciclar, reorganizar e reorientar criticamente a construção de pensamentos, com base em princípios históricos da memória e da realidade extrapsíquica.

Cabe à consciência do EU atuar no processo de construção de pensamentos e na administração deles.

O fenômeno da autochecagem é consciente, complexo e preciso. Ele é atuante na primeira fase do processo de interpretação, sendo que a primeira fase desse processo é a percepção do estímulo pelo sistema sensorial, instantaneamente e, a seguir, a autochecagem na memória. É a partir daí que se inicia a definição histórica do estímulo a fim de que possamos desencadear a produção intelectual.

O fenômeno do gatilho da memória checa automaticamente o estímulo e produz os primeiros pensamentos, mas cumpre ao EU ponderar sobre eles e criticá-los.

O EU entra em ação quando os pensamentos dialéticos e antidialéticos são formados, e conforme sua capacidade de gerenciamento. Efetua uma revisão crítica das ideias e das reações emocionais desencadeadas e produzidas pelo fenômeno da autochecagem.

A construção da inteligência ocorre sempre por meio dos mordomos psicodinâmicos da mente, sem a participação do EU, mas cumpre a ele ser o agente modificador de sua história psicossocial, redirecionando esses processos de construção que se desencadearam sem sua determinação consciente e lógica.

O fenômeno do autofluxo acontece de maneira contínua e espontânea. Ele é um mordomo da mente. É multifocal, pois é composto por um conjunto de fenômenos variáveis intrapsíquicos da mente.

É o fenômeno do autofluxo que contribui decisivamente para gerar o fluxo vital da energia psíquica. Ele é um importantíssimo mordomo intrapsíquico que contribui para o processo de formação do EU. Embora seja fundamental para o desenvolvimento do EU, ele não deve ser o fenômeno mais importante qualitativamente da produção dos pensamentos, porque essa é a tarefa intelectual do EU.

A ansiedade vital é uma variável intrapsíquica que participa do fenômeno do autofluxo. Ela está ligada psicodinamicamente a outras variáveis intrapsíquicas, como o fenômeno da autochecagem, à âncora da memória e ao próprio EU. Trata-se do *desequilíbrio psicodinâmico* e está relacionada ao fluxo vital da energia psíquica. Essa energia psíquica está continuamente fluindo ou se transformando em novos pensamentos e emoções.

Em síntese, a ansiedade vital é fundamental no processo de leitura da história intrapsíquica e da construção da inteligência e está ligada à qualidade do processo de formação da personalidade.

A âncora da memória é um movimento intrapsíquico inconsciente, e relaciona-se à definição de um ponto de leitura da memória num determinado momento da existência. Esses movimentos determinam a qualidade das ideias e das reações emocionais que produzimos.

É a âncora da memória que dirige a qualidade de nossas ideias e emoções, por limitar o território de leitura de memória. Portanto, a liberdade de pensamentos nem sempre é conquistada pelo EU. Ela depende de outros fatores influenciados pelas experiências construídas ao longo de nossa existência.

Por conta da importância da âncora da memória e da sua influência na construção de pensamentos, é fundamental aprendermos a controlá-la, reciclá-la criticamente e deslocá-la quando necessário, sobretudo quando ela focar em áreas da memória em que se aloja uma construção de pensamentos rígida, fechada e autoritária. Não controlar essa âncora pode nos prejudicar em momentos importantes, como no exemplo citado anteriormente: você pode estar preparado tecnicamente para uma situação, mas a âncora da memória te levará ao insucesso.

Podemos afirmar, então, que é a âncora da memória que facilita o processo de seleção das informações que servirão de base para a produção das cadeias psicodinâmicas dos pensamentos essenciais históricos e, consequentemente, dos pensamentos dialéticos e antidialéticos. Administrá-la significa mergulhar nas trajetórias do humanismo e da democracia das ideias, levando cada vez mais o *Homo sapiens* ao sucesso de seus objetivos.

Os três tipos de pensamento produzidos desde o início da vida fetal, por meio da atuação do gatilho da memória e do fenômeno do autofluxo – pensamento essencial, pensamento dialético e pensamento antidialético –, são importantes mecanismos de construção do EU.

O **EU** é construído pelas ferramentas do pensamento e, posteriormente, utiliza-as para realizar suas próprias construções, suas classes de raciocínio. "O criador se torna obra da criatura".

O universo dos pensamentos, utilizados de forma perspicaz, como instrumentos indispensáveis de comunicação, sugere melhorar a criatividade, a capacidade de resolver conflitos, a capacidade de reagir adequadamente, e a qualidade das relações sociais e intrapsíquicas.

A TIM propõe uma mudança de princípios da educação mundial: sair da era da informação transmitida e formada pela memória do EU como gestor da mente humana. O processo de construção de pensamentos é a área que pode transformar o modo como podemos elucidar a existência e enxergarmos a nós mesmos. Sendo assim, estudá-lo é essencial para entendermos como se formam pensadores. Pensar no modo como pensamos é fundamental para entendermos as diferenças dos alicerces do psiquismo, chegando à conclusão de que são ínfimas.

Os pensamentos dialéticos são conscientes, objetivos, organizados, precisos, administrados com clareza pelo EU e é por isso que são usados com frequência na interpretação, na síntese das ideias, nos discursos teóricos, na construção científica, na tecnologia e nas relações sociais. Eles são explicitados com facilidade na comunicação social e interpessoal. É por meio do processo de leitura virtual das centrais dos pensamentos essenciais, que são pensamentos inconscientes, que nascem os pensamentos dialéticos, que são pensamentos conscientes.

A formação dos pensamentos dialéticos pode ou não ser controlada pelo EU. Eles tanto podem ter tido a autorização do EU para serem construídos, como podem ter sido formados pelo determinismo dele.

A abordagem sobre os pensamentos dialéticos restringe as dimensões dos pensamentos antidialéticos quando forem interpretados dialeticamente e conduzidos por meio da verbalização, mostrando um sistema de códigos psicolinguísticos complexos, um requintado sistema de leitura desses códigos e um processo de cointerferência entre os tipos de pensamentos que formam a mente humana.

Os pensamentos antidialéticos são conscientes, mas não plenamente conscientes, pois não são bem formatados psicologicamente, e, na concepção linguística, ultrapassam várias vezes o limite da lógica. Manifestam-se por meio de imagens mentais, fantasias e percepções. Esses pensamentos influenciam e são influenciados pelas experiências emocionais e motivacionais.

Primeiramente, na formação da personalidade, desenvolvem-se os pensamentos antidialéticos e, depois, lentamente, o EU vai se organizando e aprendendo a produzir e a gerenciar a construção de pensamentos dialéticos. Sua leitura virtual é extensa e indefinida ou pouco definida. Ou seja, ele define o indefinível.

Os pensamentos essenciais dão origem aos pensamentos dialético e antidialético. São inconscientes e formados pelo âmago da energia psíquica. São produzidos pelo EU e pela leitura da história intrapsíquica realizada pelos fenômenos da autochecagem, do autofluxo e da âncora da memória.

É de responsabilidade das centrais dos pensamentos essenciais produzir inúmeros processos de relação lógica para contribuir com a evolução da formação dos pensamentos e da consciência existencial.

As duas principais formas de pensamentos conscientes são exatamente os **antidialéticos** e os **dialéticos**. Cada um deles possui diversas subformas que representam a matéria-prima principal das diversas classes de raciocínio, desde as mais simples até as mais complexas, das dedutivas às indutivas, das lógicas às abstratas. O pensamento **essencial** (inconsciente) está na base da construção de pensamentos dialéticos e antidialéticos.

Podemos dizer que os pensamentos dialéticos e antidialéticos são virtuais e não surgem aleatoriamente. Se assim não fosse, não seria pensamento, mas, sim, delírio. Portanto, essas duas classes de pensamento são produzidas por uma base real: o pensamento essencial.

É o fenômeno RAM (registro automático de memória) que arquiva as milhares de janelas para formar a memória de uso contínuo – MUC. Assim, o EU pouco a pouco começa a utilizar os signos registrados nas mais diversas situações espaçotemporais.

A grande diferença entre o pensamento antidialético e o dialético é que o primeiro surge espontaneamente no psiquismo, sem a necessidade de intervenção educacional.

Os pensamentos antidialético, antilinguagem, antissimbólico são os pensamentos que embasam as diversas formas de imaginação, percepção, intuição, abstração, indução e análise multifocal, formando o pensamento consciente.

O pensador pensa e elabora dados usando o mais lógico e bem editado dos pensamentos conscientes: o dialético. Logo, para o processo de formação de pensamentos, utiliza-se não apenas o pensamento lógico-dialético, mas especialmente o antilógico, antidialético. O que diferencia mentes comuns de mentes brilhantes é o pensamento antidialético, aquele que não depende de técnica nem de estudo.

O EU não tem consciência de como se formam as cadeias psicodinâmicas, as centrais e os pensamentos essenciais, pois são produzidos inconscientemente e em milésimos de segundos. Logo depois de serem produzidos, eles sofrem um processo de leitura virtual que gera os pensamentos dialéticos e antidialéticos no âmbito da virtualidade, desencadeando a formação da consciência existencial num determinado momento.

É necessário compreender os fenômenos do processo de pensamento para nos tornarmos detentores do espetáculo da inteligência. Caso não os compreendamos, e se não os utilizarmos adequadamente, nos tornamos carrascos de nós mesmos, predadores da nossa própria espécie, autoagiotas e autoflagelados. Essa é uma grande questão, e fazer pensar sobre ela talvez seja uma das mais importantes contribuições da TIM.

Pensar é inevitável, é um fluxo vital da *psique*. É no fenômeno do gatilho da memória que se inicia o processo de interpretação. Ele abre as janelas, ou áreas de leitura do córtex cerebral, por meio de um estímulo e produz as primeiras reações, emoções, impressões, pensamentos. Apesar disso, o gatilho da memória se torna um problema para o EU quando, em frações de segundos, abre uma janela killer. É essa classe de janela que enclausura e aprisiona o EU. Tentar desviar o pensamento ou se distrair é uma técnica ineficiente para superar o estresse e os conflitos.

Vamos entender como isso ocorre, analisando as áreas que estão no epicentro do funcionamento da mente e que dificultam o gerenciamento psíquico.

As *janelas duplo P* são janelas traumáticas que têm duplo poder de atração do EU e poder de agregação de novas janelas. Elas têm alto poder de ancoragem.

Como vimos, o registro da memória não depende do EU. Ele é feito involuntária e inconscientemente pelo fenômeno RAM (registro automático da memória). Não é possível apagar os arquivos da memória, o EU não possui essa habilidade.

A mente é muito complexa e, para gerenciá-la, o EU usa mais pensamentos dialéticos e antidialéticos de natureza virtual do que pensamentos essenciais, que são de natureza real. São os pensamentos dialéticos que formam a consciência humana e só compreendendo as limitações do EU conseguimos entender suas potencialidades.

O EU faz a conexão entre o virtual e o real, entre os pensamentos (virtuais) e as emoções (reais), entre as ideias (natureza virtual) e as vontades (natureza real).

Os pensamentos conscientes (dialéticos e antidialéticos) têm um impedimento invencível de materializar intrapsiquicamente sua intencionalidade. Os pensamentos conscientes não atuam por si mesmos na essência da energia psíquica.

Embora seja paradoxal, um dos mais complexos e importantes mecanismos da inteligência humana é a utilização dos pensamentos dialéticos, que são conscientes e virtuais, para administrar os pensamentos essenciais, que são inconscientes e essenciais, e figuram na base da construção dos próprios pensamentos dialéticos.

A história intrapsíquica guarda os segredos inconscientes e conscientes do processo existencial, pois o EU também não é muito eficiente ao atuar na história intrapsíquica registrada na memória.

Embora o EU não consiga apagar os registros da memória, ainda que parcialmente, consegue estabelecer os critérios das realidades extrapsíquicas e intrapsíquica, tornando-se responsável pela construção dos pensamentos, pois toma consciência dessa construção iniciada pelo gatilho da memória ou pelo autofluxo, sendo assim, ele passa a ter condições de gerenciar os processos de construção de pensamentos e o consequente comportamento humano.

Já que não é somente o EU o responsável pela leitura da memória e sua produção, há ainda os três fenômenos inconscientes que realizam a mesma função: o gatilho da memória, as janelas da memória e o autofluxo. O gatilho da memória descarrega milhares de vezes diante de um estímulo extrapsíquico ou intrapsíquico, abrindo as janelas da memória. É nesse momento que temos a interpretação de palavras, gestos etc. O autofluxo lê a memória inúmeras vezes a fim de gerar maior fonte de prazer. É esse movimento que faz o EU entrar em cena e exercer seu papel de gestor da mente humana.

Não sendo um bom intérprete desse movimento, o EU ancora-se e abre apenas janelas killer, provocando a síndrome do circuito fechado psicoadaptativa (SiFe-p), fazendo com que pessoas de grande potencial intelectual limitem esse potencial dificultando o raciocínio, o pensamento estratégico. Logo, essas pessoas não alcançarão seus objetivos de forma acessível e imediata.

Novamente voltamos ao exemplo da realização de provas. Se, diante de uma prova, o EU aciona um gatilho da memória que abre uma janela killer, o raciocínio fica gravemente prejudicado, influenciando na capacidade de assimilação e projeção de resultados. Quantos e quantos casos existem semelhantes a este. Não basta saber o conteúdo técnico. Agir com inteligência na gestão das emoções é fundamental para o sucesso.

A síndrome do circuito fechado psicoadaptativa (SiFe-p) leva também a emoção a produzir um volume de tensão tão alto que bloqueia milhares de janelas, fechando o acesso do EU a milhões de informações e experiências que poderiam dar respostas inteligentes em situações estressantes, formando, então, a síndrome do circuito fechado da memória killer (SIFE-killer).

Concluímos, então, que a gestão da emoção não pode ser superficial, exigindo conhecimento intrínseco dos bastidores do funcionamento da mente. Exige que possamos abrir o circuito fechado da memória e pensar antes de reagir. Exige que façamos a oração dos sábios, o silêncio dos proativos.

Pensar é bom, pensar criticamente é muito bom, mas pensar sem gerenciamento esgota o cérebro e não leva a resultados. Pensar sem gerenciamento provoca a síndrome do pensamento acelerado (SPA), que causa uma série de transtornos mentais.

> *Ninguém se torna um grande líder no teatro social se primeiramente não for líder no teatro psíquico.*

AS CLASSES DE RACIOCÍNIO

Como parte da formação do EU, temos por segundo instrumento as classes de raciocínio. A memória genética, a memória existencial e a memória de uso contínuo e as classes de raciocínio constituem os **fundamentos do EU**.

As classes de raciocínio estão associadas ao conteúdo e podem ser: simples/unifocal, complexo/multifocal, lógico, abstrato, dedutivo ou indutivo. O modo de pensar se define por seus tipos ou formatos.

O raciocínio simples é produzido por pensamentos simples, que, por sua vez, usam uma base quantitativa e qualitativa limitada de dados e uma eficiência reduzida na organização deles. Sua construção é linear, pautada por ação-reação, estímulo-resposta, unifocalidade, por isso também é chamado de raciocínio unifocal. O raciocínio unifocal enxerga os fenômenos por um único ângulo, um campo intelectual reduzido; o raciocínio multifocal, ao contrário, abrange múltiplas formas de organização dos dados, por isso ele pode ser de baixa, média ou alta complexidade.

O raciocínio simples/unifocal é configurado pela menor taxa possível de interferências, induções, intenções subjacentes, paralelismos, sentimentos subliminares, conclusões multiangulares e a maior taxa possível de objetividade, lógica, linearidade. Para se encaixarem na categoria de raciocínio complexo/multifocal, as taxas dos elementos acima devem ser maiores.

O EU usa o raciocínio simples/unifocal para executar tarefas, como copiar dados, fazer solicitações, realizar interações corriqueiras. Embora todos os raciocínios, simples ou complexos, sejam produzidos por fenômenos sofisticadíssimos, grande parte de nossas atividades mentais e sociais não necessita de pensamentos com conteúdos altamente complexos. Quem se perde em explicações sem fim e quem se emaranha em detalhes perde a objetividade, tornando complexo aquilo que é simples.

Todos têm nos bastidores da mente atores inconscientes (o gatilho da memória e o autofluxo) e um ator consciente (o EU), que produzem continuamente raciocínios simples/unifocais. A ação contínua do fenômeno RAM (registro automático da memória) forma as janelas na MUC e na ME com milhares de informações. O EU, em especial, lê as janelas da memória, resgata verbos em frações de segundos, conjuga-os espaçotemporalmente, insere um sujeito e outros elementos para produzir milhares de cadeias de raciocínios unifocais diariamente. Raciocínios simples também são produzidos pela atuação de fenômenos muito sofisticados e nada simplistas.

À medida que ocorre o processo de formação da personalidade, é necessário aumentar a base de informações para que o EU possa lê-las e utilizá-las para expressar as múltiplas intenções e ações espaçotemporais.

Para produzir raciocínios simples/unifocais, o EU, como gerente da *psique*, lê áreas limitadas de janelas do córtex cerebral. Essa leitura pode causar vícios graves. O EU pode se viciar em penetrar e ler a MUC de maneira reduzida, preguiçosa e estreita e construir pensamentos simples em atividades nas quais se exigem raciocínios complexos.

Todos nós temos um EU viciado, em maior ou menor grau, em ler áreas restritas da MUC e da ME nos focos de tensão, seja porque somos prisioneiros de janelas killer, seja porque não desenvolvemos habilidades para ampliar o campo de leitura da memória e, consequentemente, para superar o cárcere do raciocínio simples/unifocal.

Num momento de extrema concentração em que se pensa somente no conteúdo técnico – como é o caso das provas e concursos –, deixar de lado essa gestão da mente é comum, mas pode ser muito prejudicial. É fundamental treinar o EU para ser líder de si mesmo, para prevenir situações provocadas pelas armadilhas da mente, produzidas por más experiências anteriores.

O raciocínio dedutivo, elemento fundamental na produção científica e intelectual, usa a análise sequencial para tirar conclusões e fazer avaliações, abrindo um número de janelas maior que o raciocínio simples/unifocal, já que é sustentado pela capacidade de observação multilateral dos dados.

O raciocínio indutivo, por sua vez, amplia as janelas abertas, questionando as verdades dedutivas, aumentando o leque de possibilidades, questionando a lógica imediata, transgredindo os paradigmas. O raciocínio dedutivo tem muita afinidade com o pensamento dialético e o indutivo, com o pensamento antidialético.

O raciocínio abstrato é a classe de raciocínio mais íntima e introspectiva do EU. Ele envolve a classe multifocal e indutiva, contribui para formar o EU e, depois de formado, o próprio EU se torna uma fonte excelente dessa classe de raciocínio.

O EU maduro, crítico, estrategista, que abre o leque da sua mente para pensar em múltiplas possibilidades, está destinado a mudar a história, pelo menos a sua própria. Irá criar oportunidades, repensar desafios e ultrapassá-los da melhor maneira!

Existem duas causas inquestionáveis sobre o gerenciamento do funcionamento da mente.

1. A produção de pensamentos e emoções é multifocal, ou seja, não apenas financiada ou patrocinada pelo EU, mas também por fenômenos inconscientes.
2. O instrumento usado pelo EU para intervir no mundo psíquico é virtual: trata-se do pensamento dialético. O que é virtual não pode mudar a essência do que é substancial, emocionalmente concreto, como fobias, angústias, humor deprimido.

O EU, na verdade, é a ligação principal entre o virtual e o real: independentemente de ser eficaz ou desastroso, como gestor da mente, concretiza os pensamentos conscientes, tendo uma natureza virtual, no território da emoção, ou uma natureza concreta, usando pensamentos essenciais, que também são concretos.

O pensamento consciente é incapaz de parar a emoção, pois sua natureza é virtual; mas a confiabilidade do EU nesses pensamentos e a leitura acelerada da memória geram pensamentos essenciais pressupostos (inconscientes) que, estes sim, têm o poder de transformar a ansiedade em serenidade. Para isso, o EU precisa se exercitar ininterruptamente nessa maneira de pensar, assim abrirá janelas light que podem explicitar a superação de um trauma. Essa prática diária produz núcleos de habitação que levam o EU a ser autor da sua própria história.

Os pensamentos essenciais são necessários aos pensamentos dialéticos, pois eles são sua base. Os pensamentos conscientes, uma vez formados, precisam provocar os pensamentos inconscientes (essenciais), a fim de provocar o território da emoção.

A inteligência é produzida na alma humana, de forma espontânea e quantitativa. O campo de energia psíquica se encontra em fluxo vital contínuo, que realiza a leitura da memória e dá origem a uma grande produção de cadeias de pensamentos.

Os fenômenos da autochecagem, da âncora da memória e do autofluxo produzem milhares de matrizes de pensamentos essenciais que carregam os arquivos da memória e, ao mesmo tempo, são lidos virtualmente, gerando os pensamentos conscientes, nos tornando seres inteligentes.

Para organizar o pensamento qualitativo da inteligência e, por consequência, formar pensadores, precisamos compreender o conjunto de variáveis psicossociais que influenciam essa construção, pois cuidar do planeta cerebral é fundamental, se colocando como um eterno aprendiz na curta trajetória existencial.

São várias as teorias que afirmam que o processo de aprendizagem está inserido no ser humano desde o útero materno, e na Teoria da Inteligência Multifocal – TIM não é diferente. Como vimos anteriormente, a aprendizagem e a construção do conhecimento são processos naturais e espontâneos na vida de todo sujeito, e se isso não está acontecendo de uma maneira natural, algo precisa ser revisto e até avaliado para que se identifiquem as causas ou as dificuldades que estão impedindo que essa aprendizagem consiga seguir seu curso natural.

A TIM mostra o olhar de quem quer mudar, de quem quer o melhor e de quem quer crescimento, reconhecimento e sucesso nas provas. É dessa visão que se quer falar, o olhar de quem quer ver a diferença e sente desejo de ajudar, é aqui que a arte do olhar se mostra fundamental e, principalmente, necessária na vida dos seres humanos. A visão, a comunicação e a interação do sujeito com o objeto de aprendizagem são de extrema importância para que ele se sinta parte fundamental no aprender e para que a construção do conhecimento aconteça, tornando-o autor de sua própria história, a fim de fazer com que, por meio desse olhar diferenciado, ele compreenda, sinta-se capaz e seguro de realizar suas atividades e aplicar seus conhecimentos na vida cotidiana, o que o levará ao sucesso de maneira natural.

A aprendizagem e o desenvolvimento não são iguais para todos, pois cada sujeito tem um jeito, um tempo e uma necessidade que são individuais.

É por meio deste livro que te ensinaremos, baseados na TIM, a olhar como parte fundamental nesse processo de educação, que precisa ser crítico, acolhedor e construtivo, para observar tudo o que é produzido e também desempenhar um papel decisivo em sua formação, levando-o ao sucesso nas provas e, consequentemente, na vida cotidiana.

Experiências positivas e enriquecedoras contribuem para a formação de sujeitos autônomos, críticos e criativos. No entanto, experiências de fracasso escolar, quando vivenciadas, sugerem a construção de indivíduos passivos, frustrados e até infelizes, devido à dificuldade que estes têm de trabalhar seus bloqueios, medos e angústias perante a não aprendizagem. Numa leitura da TIM, aprenderemos que ser autor da própria história não é impossível, mas sim um processo árduo que precisa de treinamento com um único fim: o sucesso.

A mente humana vai se utilizar de vários processos para aprender a romper o cárcere da rotina e ousar mais do que a média, aprender a ultrapassar a barreira dos preconceitos e não desistir dos seus sonhos, persistir diante das dificuldades utilizando as lágrimas para irrigar a sabedoria, ser hábil e se reinventar. Todos esses processos tornarão você consciente de seu EU, conhecedor de sua existência.

COLOCANDO A TIM EM PRÁTICA

Agora que você já conhece um pouco da TIM e já deu os primeiros passos para ser gestor de seu EU, deve estar descansado, animado e cheio de disposição! Vamos identificar as dificuldades e superá-las. É a hora perfeita de retornar aos livros e focar nos seus objetivos, pois, como você sabe, o projeto vale o esforço.

Para fixar seus objetivos e direcionar seus esforços, é fundamental que você os tenha claros em sua mente. Em todo momento de dificuldade, deve revisitá-los para lembrar o quanto todo esse esforço é direcionado para o seu sucesso!

Então vamos lá! Escreva aqui quais são os seus objetivos de longo prazo. Aquela prova importante, aquela carreira desejada, o que te motiva.

Os objetivos de longo prazo são aqueles que você pretende alcançar no final dessa jornada de estudos. Os de médio prazo são os que você irá alcançar até lá: um concurso intermediário, um vestibular, uma prova importante. Os objetivos de curto prazo referem-se aos que você irá realizar agora, como caminho para a sua preparação.

Mãos à obra!

Objetivos de longo prazo
_____
_____
_____

Objetivos de médio prazo
_____
_____
_____

Objetivos de curto prazo
_____
_____
_____
_____
_____

Vamos revisitar algumas vezes esses objetivos durante o nosso percurso. Precisamos nos manter motivados e lembrar, sempre, o motivo pelo qual estamos dispendendo esse esforço. Lembrar que isso tudo vale a pena.

Trace sua estratégia para chegar lá! Você precisa definir os primeiros passos para a sua caminhada, ou conferir se o caminho que está seguindo tem sido eficaz. Então:

- Determine seu horário de estudo: quanto tempo você tem para estudar? Lembre-se de que a qualidade vale mais do que a quantidade. Faça das suas horas – ainda que sejam poucas – produtivas. Tenha foco!
- Determine seu local de estudo: deve ser o mais tranquilo, confortável e motivador possível. Tenha o que precisa em mãos. Faça esse tempo de estudos render.
- Determine seu plano de estudo: o que irá estudar hoje e nos próximos dias? Está de acordo com a sua meta? Está atribuindo pesos proporcionais a cada disciplina? Repense e programe-se. Cada tempo de estudo terá sido bem aproveitado se você tiver um bom planejamento.

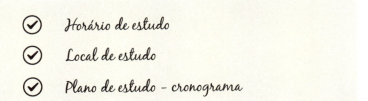

- ✓ Horário de estudo
- ✓ Local de estudo
- ✓ Plano de estudo – cronograma

Mãos à obra! Estamos apenas começando. Temos uma longa caminhada pela frente e o final será o seu sucesso!

Não é fácil dirigir a mente humana.
Ela é muito mais complexa do
que qualquer empresa, aeronave,
computador ou máquina que o homem
já produziu ou produzirá.

3
CONSTRUINDO UM *EU* SAUDÁVEL

Quando nos aprofundamos nos estudos sobre nossa maneira de armazenar experiências sobre como construímos nosso pensamento na constituição do EU, temos grandes chances de nunca mais pensar da mesma maneira. Sendo seu próprio gestor, você poderá colocar emoções saudáveis em cada projeto que escolher seguir e os resultados certamente serão positivos, tornando-o um ser humano mais feliz e realizado.

As técnicas que o nosso EU usa frequentemente para administrar a *psique* e remover o lixo psíquico ainda são as mesmas utilizadas na antiguidade da civilização. Por isso, se mostram ineficientes e com baixo nível de eficácia. Algumas delas são:

- *Tentar interromper a construção de pensamentos*
- *Tentar desviar os pensamentos ou se distrair*
- *Devemos lembrar que o registro na memória não depende do EU*

E por que esses artifícios são ineficientes? Vamos analisá-los.

Quando tentamos **interromper a construção de pensamentos**, logo percebemos que estamos diante de uma tarefa impossível. Como vimos no capítulo anterior, o pensamento tem uma ordem lógica de construção, e tentar bloqueá-lo já é, de certa forma, pensar.

O EU lê a memória e produz pensamentos numa direção lógica e consciente. Além disso, há outros fenômenos inconscientes a serem comentados, como o gatilho da memória e o autofluxo, que produzem cadeias de pensamentos, imagens mentais e fantasias sem a autorização e controle do EU. Logo, pensar não é uma opção, é inevitável, pensar é o fluxo vital da *psique*.

O gatilho da memória ou autochecagem é o primeiro fenômeno que inicia o processo de interpretação. Ele abre as janelas ou áreas de leitura do córtex cerebral a partir de algum estímulo físico, social ou psíquico e produz as primeiras reações, emoções, impressões, pensamentos. Sem o gatilho da memória, o EU ficaria completamente confuso, desorientado, tornando-se um problema, abrindo, em frações de segundos, alguma janela killer ou traumática, classe de janelas que aprisiona e sequestra o EU.

O fenômeno do autofluxo, por sua vez, se ancora na janela que o gatilho abriu e começa a produzir inúmeros pensamentos e imagens mentais, com o objetivo de entreter por meio dos sonhos, inspirando os prazeres mentais e alargando fronteiras da memória. Logo, o autofluxo é um mordomo para o EU desde o início da vida fetal, e no "útero social" torna-se um ator coadjuvante do EU, para entretê-lo, expandindo-lhe a memória e enriquecendo-a. Mas quando o fenômeno do autofluxo domina ou controla o EU, pode causar um sério problema, formando uma mente hiperacelerada, expandindo os níveis de ansiedade.

Por esses motivos, a técnica de interromper o pensamento é uma atitude infantil de um EU que desconhece o planeta psíquico.

O grande problema está nos excessos. Muitas pessoas pensam demais, mesmo sem saber, e, como resultado, passam a vida em uma espiral de preocupação e insegurança.

O primeiro passo para se libertar desse fluxo negativo é saber que se pensa demais e aceitar que isso é um problema. A partir disso, você será capaz de desafiar a si mesmo para mudar a maneira com que se aproxima de determinadas situações em sua vida.

Tentar **desviar os pensamentos ou se distrair** pode não ser tão simples. Existem complexas causas com diversas subdivisões que explicam o desvio do EU e, para compreendê-las, temos que nos aprofundar em um elemento central do tema Funcionamento da Mente: as janelas duplo P.

A mais importante causa da baixa capacidade da técnica de distração decorre do alto poder de algumas janelas estruturais da personalidade, que chamo de *janelas killer power* ou *duplo P*. Essas janelas têm duplo poder: poder de atração do EU e poder de agregar novas janelas.

O poder de atração trata da capacidade de fixar o EU em uma determinada janela, e o poder de agregação é a capacidade de juntar novas janelas ao redor do seu núcleo, formando plataformas. Uma janela killer solitária é pontual, mas quando há uma plataforma de janelas, chamamos de *zona de conflito*, que financia espontaneamente uma característica da personalidade. Em razão dessas plataformas, as pessoas expressam irritabilidade, impulsividade, afetividade, tolerância, ponderação ou radicalismo.

Para que um trauma adoeça, ele deve gerar uma dessas zonas de conflito, tendo inúmeras janelas ao redor do núcleo de uma janela killer duplo P.

As janelas duplo P têm alto poder de ancoragem. Elas ficam no ponto central da memória. Quando o EU faz um mínimo mergulho introspectivo, ele as encontra em meio a centenas de milhares de outras janelas. O EU deve ter o direito de possuir conhecimento dos mecanismos básicos da sua formação e das emboscadas que podem aprisioná-lo para que desenvolva habilidades a fim de se proteger, amadurecer, se tornar resiliente.

Como foi dito, devemos *lembrar que o registro na memória não depende do* EU!

No córtex cerebral, o EU não tem o poder de controlar o registro da memória. Este é um exercício involuntário e inconsciente do fenômeno RAM (registro automático de memória).

É o fenômeno RAM que facilita e promove o registro da memória e não o evita. Nem mesmo a negação ou a distração conseguem evitar esse registro, uma vez que o arquivamento ocorre milhares de vezes a cada novo estímulo, seja ele visual, sonoro, tátil ou gustativo.

Os estímulos intrapsíquicos, como os pensamentos, as emoções e as ideias, são registrados em frações de segundos e tornam-se nossa memória. É dessa forma que o fenômeno RAM atua rápida e intensamente em cada momento existencial, desenhando nossa história. Milhões de experiências e bilhões de informações são necessárias para que o EU tenha uma consciência mínima de si mesmo e, no futuro, possa ser treinado e preparado, tornando-nos autores de nossa própria história, e não vítima de nossas mazelas e misérias.

A ideia é que, sendo autores de nossa própria história, possamos organizar essas experiências e informações e canalizar esforços para atingir nossos objetivos. Ter foco é fundamental para uma boa preparação, e isso só será possível se nos tornarmos conscientes desse processo de construção e funcionamento da nossa mente.

Não é possível deletar os arquivos mentais. Não conseguimos, de forma consciente, apagar os arquivos da memória, então a melhor maneira de lidar com isso é assumir sempre, reciclar com maturidade e reescrever as janelas onde estão armazenadas essas memórias.

A melhor maneira de resolver nossos conflitos e superar más experiências é reeditar os arquivos da memória, registrando novas e boas experiências, mais maduras e pensadas. Uma excelente forma de fazer isso é se valer da segurança, da tranquilidade e da técnica necessária para uma prova, por exemplo. Isso te ajudará a sobrepor uma situação em que se sentiu inseguro e despreparado, ainda que tivesse ciência de todo o conteúdo exigido.

Para reeditarmos o filme do nosso inconsciente, podemos atuar nos sintomas, por meio de técnicas cognitivas, ou diretamente nas causas, utilizando técnicas analíticas. Um resultado mais eficaz poderá ser obtido se as duas forem utilizadas ao mesmo tempo, com equilíbrio. E como se faz isso? Gerenciando pensamentos e emoções. Esta é, sem dúvida, a melhor maneira de liderarmos nossa mente, deixando de ser manipulados pelos nossos conflitos internos. É o caminho para nos tornarmos autores de nossa própria história.

O EU é o centro da personalidade. Ele é o verdadeiro líder da mente e o desejo consciente. Caracteriza-se pela capacidade de autodeterminação e identidade fundamental que nos torna seres únicos. Vale lembrar que nosso cérebro é fantástico, é o maior e mais inexplorado dos territórios, mas seus objetivos devem ser buscados com o coração.

> *Faça um roteiro dos seus planos. Desenhe seus objetivos e busque-os com determinação. Faça uma programação dos seus estudos, de forma eficiente. Liste os materiais necessários, trace as metas e persiga-as. Vá em busca do seu sonho! Só você poderá fazer isso.*

Desenvolver o EU de forma saudável e inteligente ampliará sua consciência de si mesmo e da complexidade da *psique*. Isso te ajudará a não se inferiorizar diante de outra pessoa ou de qualquer desafio. O estudante que se prepara com qualidade, praticando o estudo multifocal, se dedica a fazer o melhor possível e terá um desempenho diferenciado dos demais, afinal, será capaz de considerar que para a aprovação não é importante somente o conhecimento técnico, mas também uma série de fatores emocionais e cognitivos que, equilibrados, o ajudarão a conquistar seu objetivo.

Um EU saudável, inteligente e bem desenvolvido também entende que todos os indivíduos têm seus complexos processos de construção de pensamento. Isso facilita o relacionamento interpessoal, já que um enxergará no outro as potencialidades e as eventuais fraquezas trazidas pela má gestão da mente. Todos estão em busca de realizações e cada um lida com isso de uma maneira diferente. Então não se deixe enganar, a vida passa rapidamente! Usamos o pensamento para pensar sobre diversas questões do mundo, mas se o usarmos para pensar em como pensamos, como as ideias são construídas, entenderemos que não podemos perder tempo. Essa reflexão será importante até para conseguirmos corrigir possíveis falhas, autossabotagens, defeitos de memória, janelas killer, entre outros fatores que atrapalham nosso desenvolvimento.

Se você pretende obter sucesso nas provas, deve treinar seu cérebro com persistência, e esse deve ser o seu maior objetivo. Quando tomamos consciência do nosso maior objetivo, atuamos firmemente para alcançá-lo, dentro da nossa capacidade de dedicação. Trabalhe com prioridades. Seu objetivo deve ser sua prioridade e, então, uma certeza você terá: você será aprovado. Basta agora escolher em que momento isso irá acontecer, então administre seu tempo adequadamente, de acordo com suas possibilidades.

A mais complexa fronteira da ciência é o processo de construção de pensamento, de formação do EU e de organização da consciência. Desenvolver o entendimento sobre isso não é fácil. Cada ser humano tem um universo próprio dentro da mente. Cada um tem uma maneira de reciclar e reescrever as tão importantes janelas da memória, por isso a importância de pensar e refletir sobre o processo de produção do pensamento.

MECANISMOS DE CONSTRUÇÃO DO *EU* / MEMÓRIA

Quanto aos mecanismos da construção do EU, o primeiro deles é a memória. Mas o que é a memória?

> *Memória é a capacidade de reter e relembrar qualquer forma de conhecimento.*

O EU tem facilidade de se utilizar da memória para construir pensamentos livremente. É a partir dela que o EU se torna gestor da *psique*. No entanto, essa facilidade não existe para a construção de emoções. Frases positivas não têm a capacidade de mudar a estrutura do EU, de modificar facilmente as janelas da memória. Não conseguimos mudar um traço da nossa personalidade facilmente.

A memória é um importante mecanismo de nutrição do EU, que tem a competência de torná-lo saudável e inteligente, já que faz com que você armazene e recupere as informações retidas, por exemplo, durante seus estudos.

Nos estudos, para facilitar o armazenamento do conteúdo na memória, é fundamental estudar com foco e atenção, fazer as leituras de maneira adequada, em um ambiente propício.

Um recurso didático interessante é fazer sínteses do conteúdo estudado. Descubra qual a melhor maneira de ativar sua memória:

resumos, quadros, esquemas, mapas mentais etc. É uma forma eficiente de rever a matéria e treinar o cérebro.

O EU mostra-se líder da *psique* a partir da memória, já que tem facilidade em usá-la para construir pensamentos. Por outro lado, é importante ressaltar que o EU não tem a mesma facilidade para construir emoções.

A memória se divide em três grandes áreas:

- Memória genética;
- Memória de uso contínuo ou central (MUC);
- Memória existencial ou periférica (ME).

Apesar do nome, tanto a memória de uso contínuo quanto a memória existencial são memórias existenciais. Isso porque se referem ao armazenamento de dados adquiridos desde o início da vida fetal. Então qual é a diferença entre elas? A grande diferença é que, como o próprio nome diz, a MUC, por ser de uso contínuo, dá origem às matérias-primas para atividades do dia a dia, como ler, escrever, pensar, interpretar, falar, realizar atividades diárias e contínuas. A ME, por ser existencial, traduz todas as experiências arquivadas ao longo da vida de cada indivíduo. São informações periféricas que habitam o subconsciente ou o inconsciente e, embora não sejam utilizadas com frequência pelo EU, não deixam de influenciá-lo.

Toda a memória existencial é formada por elementos que constam na memória de uso contínuo, que, gradativamente, deixam de ser usados com frequência. Podemos dizer que a ME é nosso grande arquivo da memória.

A memória genética é a base da memória. É o solo desse importante território. Ela tem relação com as características genéticas que carregamos tanto quanto ao nosso biótipo (peso, altura, cor dos olhos, cor da pele) quanto para outros elementos, como hormônios, anticorpos etc.

A memória genética produz características que influenciam no processo de formação da personalidade. São elas: níveis de reatividade aos estímulos estressantes, níveis de sensibilidade nas relações sociais, limiar de suportabilidade à dor física e emocional, pulsações ansiosas, manifestações instintivas, como a sede e a fome, capacidade de armazenamento de informações no córtex cerebral, dimensão da área que fará parte da memória existencial, dimensão da área que fará parte da memória de uso contínuo, quantidade e qualidade das redes entre os neurônios, quantidade e qualidade das conexões entre as janelas da memória e, por fim, qualidade da receptividade de arquivamento das informações pelo fenômeno RAM.

No modelo antigo de aprendizagem, na época em que as matérias eram incansavelmente copiadas nos cadernos, valorizava-se apenas o conteúdo memorizado. A capacidade de memorização era a maior qualidade que um estudante poderia desenvolver. Armazenar o máximo possível de dados era o grande desafio.

Com o imenso número de estímulos que recebemos diariamente, para nos lembrarmos das informações, é importante que elas façam sentido. Atualmente, é importante entender o conteúdo e não somente memorizar. O desafio hoje é inter-relacionar os conteúdos, aprender os temas separadamente e aplicá-los de uma só vez.

Lembre-se: a partir da memória, o EU exerce sua liderança sobre a *psique*, mas não exerce nenhuma liderança sobre as emoções. Por isso, não deixe para o seu cérebro a escolha inconsciente do que lembrar na hora da prova. Diga para a sua memória que aquele tema é importante e você deve aprendê-lo. Signifique-o.

MECANISMOS DE CONSTRUÇÃO DO *EU* / CLASSES DE RACIOCÍNIO

As classes de raciocínio compõem o segundo mecanismo de construção do EU. Pode-se dizer que a memória, primeiro mecanismo de construção do EU, é o alicerce e as classes de raciocínio, as edificações, isso porque as classes de raciocínio relacionam-se com o conteúdo dos pensamentos.

As classes de raciocínio dividem-se em simples ou unifocal, complexo ou multifocal, lógico, abstrato, dedutivo e indutivo.

O raciocínio simples (unifocal), como o próprio nome já diz, é produzido por pensamentos simples, compostos por uma quantidade limitada de dados, que possuem eficiência reduzida na organização das informações. Esses pensamentos são objetivos, diretos e nada complexos. Têm reduzida taxa de indução, em razão de sua linearidade.

O contrário ocorre no raciocínio complexo (multifocal). Aqui são consideradas altas taxas de indução, inferência, intenções subjacentes, paralelismos, sentimentos subliminares, conclusões multiangulares. Esse raciocínio é composto pelo pensamento multifocal, considerando uma série de fatores, afastando a lógica simples.

No primeiro tipo de raciocínio, o unifocal, considera-se somente a própria necessidade, enquanto no raciocínio multifocal, consideram-se também as necessidades dos outros. É esse raciocínio complexo que considera todas as possibilidades de uma situação, coloca-se no lugar do outro, faz-se planejamentos eficazes e entende-se a liberdade respeitando limites.

De maneira mais didática, veja a seguir as diferenças entre os dois principais tipos de raciocínio.

Raciocínio unifocal	Raciocínio multifocal
Enxergam somente as próprias necessidades.	Colocam-se no lugar dos outros e também enxergam as necessidades deles.
A felicidade não afeta minha emoção, é fonte de egoísmo.	Contribui com a felicidade do outro, é a fonte do altruísmo.
Enxergam apenas seus próprios direitos.	Enxergam também os direitos dos outros.
Desencadearam-se guerras, genocídios, homicídios, exclusão social.	Desencadearam-se as lutas pela igualdade, fraternidade e liberdade.
Há liberdade sem limites.	Só há liberdade dentro de certos limites.
Procura-se o prazer a qualquer custo.	Procura-se o prazer que preserve a vida.
Liberta-se o instinto e fere-se quem nos feriu.	Liberta-se a generosidade e se pensa antes de reagir.

Raciocínio unifocal	Raciocínio multifocal
Toda ação provoca uma reação.	Toda ação provoca a razão/ato de pensar.
Ama-se a resposta.	Ama-se a oração dos sábios, o silêncio proativo. E, nesse intrigante silêncio, liberta-se a arte da pergunta: "quando?", "por quê?", "como?", "será que não há outra forma de pensar e reagir?".
Detestam-se os fracassos e ama-se o sucesso.	Tem-se plena consciência de que ninguém é digno do sucesso se não usar seus fracassos para conquistá-lo.
Procuram-se o sorriso e os aplausos.	O drama e a comédia, os aplausos e as vaias fazem parte da historicidade humana.
Leva o EU a ter a necessidade neurótica de estar em evidência social.	Liberta o EU para encontrar prazer no anonimato.
Quer ter o controle dos outros.	Sonha em ter o controle de si mesmo.
Pune quem erra.	Dá sempre uma nova chance.
Recita as ideias dos outros.	Cria novas ideias.
Obedece às ordens.	Pensa pela empresa.
Corrige erros.	Previne erros.
Impõe suas ideias.	Expõe gentilmente suas ideias.
Recua diante do caos.	Vê no caos uma oportunidade de iniciar uma nova etapa.
Curte o fim da trajetória.	Curte o processo.
Precisa de muitos eventos para sentir migalhas de prazer.	Explora as insondáveis riquezas das pequenas coisas.
É sequestrado pela ansiedade.	Gerencia a ansiedade.

Raciocínio unifocal	Raciocínio multifocal
É vítima das circunstâncias.	Não abre mão de ser o autor de sua história.
Pensa como indivíduo.	Pensa como humanidade.

A partir dessa comparação, é possível deduzir que a qualidade da organização dos dados e a quantidade de janelas abertas são muito maiores no raciocínio multifocal. Por isso, é fundamental que esse tipo de raciocínio seja devidamente desenvolvido para auxiliar no caminho até a aprovação.

Na preparação para provas, é fundamental que o estudante aprenda todo o conteúdo, exercite o que aprendeu, saiba todo o programa que será cobrado, mas, tão importante quanto isso, é que ele saiba fazer uma boa prova. Não basta pensar somente nos temas que foram estudados, é necessário ter equilíbrio, calma e estratégia para realizar a prova, e isso só é possível pelo raciocínio multifocal.

O raciocínio lógico é caracterizado pelo uso excessivo de pensamentos previsíveis e pelas áreas restritas de leitura da memória de uso contínuo, que levam a uma zona de segurança, com a finalidade de se preservar o sucesso alcançado.

O raciocínio dedutivo é aquele que se pauta pela análise. A partir da análise sequencial dos dados que se tem, o sujeito faz avaliações sobre as situações específicas. Esse tipo de raciocínio é fundamental nos estudos, porque se baseia na análise dos dados e nas ligações entre os conteúdos absorvidos. O raciocínio dedutivo sustenta-se por uma capacidade de observação multilateral dos dados.

Por sua vez, o raciocínio indutivo é aquele que questiona o que se deduz, ampliando o leque de possibilidades, questionando a lógica imediata, transgredindo os paradigmas. Ele parte de uma premissa particular para chegar a uma conclusão universal, uma generalização.

Finalmente, o raciocínio abstrato é a classe mais íntima e introspectiva do EU, relacionando-se à classe multifocal e indutiva. Esta é a ferramenta intelectual básica do EU para conhecer a si mesmo.

OS TIPOS DE PENSAMENTO

Os tipos de pensamento são mecanismos fundamentais para o processo de construção do EU, já que as classes de raciocínio se utilizam deles para sua expansão, desenvolvimento e expressão. Essa informação mostra que a utilização correta dos pensamentos, conforme seus diferentes tipos, pode influenciar a capacidade do indivíduo de solucionar problemas, por exemplo. Isto é: é importante desenvolver os tipos de pensamento corretamente, para que, por consequência, tenhamos desenvolvido também nossa criatividade, capacidade de reação, capacidade de relacionamentos, habilidades sociais etc.

No mundo dos estudos, essas associações traduzem-se na necessidade de tornar-se gestor de si mesmo para administrar situações conflitantes, manter-se motivado, lidar com perdas e frustrações, desenvolver a autonomia, autoestima, raciocínio lógico, organização, liderança, foco e disciplina.

De acordo com a Teoria da Inteligência Multifocal, existem três tipos de pensamento: essencial, dialético e antidialético. Estudaremos, resumidamente, cada um deles.

O pensamento essencial é inconsciente. Ele é o primeiro a ser formado quando entramos em contato com uma informação. É a base da formação dos pensamentos dialético e antidialético. Antes mesmo de expressarmos qualquer reação, como angústia, alegria, surpresa, medo – que são pensamentos conscientes –, surge o pensamento essencial, de forma inconsciente. Podemos dizer que o pensamento essencial é a base real para os outros dois tipos de pensamento, que são virtuais.

Os pensamentos dialético e antidialético são conscientes. Como dito, são os pensamentos virtuais construídos sobre a base real dos pensamentos essenciais. Caracterizam o alicerce de todas as classes de raciocínio, são a base do conhecimento.

O pensamento dialético é produzido na infância a partir dos milhões de estímulos que recebemos. O fenômeno RAM (registro automático da memória) arquiva diversas informações que formarão milhares de janelas que darão origem à MUC (memória de uso contínuo). Aos poucos, vamos aprendendo a nos comunicar verbalmente, e essa comunicação nada mais é do que uma maneira de traduzir para o mundo nosso pensamento dialético.

Relacionam-se ao pensamento dialético textos, músicas, pinturas, fotografias, diálogo, trabalho, atividades manuais, tudo o que se pode codificar. Por tratar-se de um pensamento baseado em símbolos, ele somente compreenderá símbolos. Tudo o que puder ser codificado relaciona-se ao pensamento dialético.

O pensamento dialético é construído pelas aprendizagens ao longo da vida, na escola, na família, no meio social. O antidialético, por sua vez, não. Ele surge espontaneamente sem intervenção educacional. É claro que a educação pode desenvolvê-lo – ou prejudicá-lo –, mas, independentemente dela, ele estará lá.

Se a pintura de um quadro se relaciona com o pensamento dialético, a interpretação dele está totalmente ligada ao antidialético. Não dizem que habilidade com as artes é um dom? Expressar-se por meio delas muitas vezes independe de educação escolar. Claro que isso pode aprimorar suas técnicas, mas conseguir expressar seus sentimentos por meio de um quadro, uma música ou um texto depende somente da sua habilidade – do seu pensamento antidialético.

Esse tipo de pensamento presta fundamento para a imaginação, percepção, intuição, abstração e análise multifocal. Trata-se do pensamento mais profundo, aquele que independe de codificação. Ele é produzido a partir da leitura dos pensamentos essenciais e das emoções e motivações.

Todos os pensamentos mais complexos, aqueles que necessitam de reflexão, são pensamentos antidialéticos. São os mais elaborados.

O pensamento antidialético precisa ser exercitado, aprimorado, desenvolvido para que seja acessado de forma mais rápida no momento necessário.

Quando estudamos um conteúdo, memorizamos palavras, conceitos, mapas mentais. Passamos por toda a disciplina organizada numa ordem didaticamente lógica, explicada de maneira progressiva e cumulativa. Para sabermos as contas mais complexas, precisamos ter pleno domínio das quatro operações fundamentais. Esse é o modelo escolar.

O desafio, quando nos preparamos para uma prova, é conseguir relacionar os conteúdos fora dessa ordem cumulativa, interligando diferentes disciplinas, colocando em prática o que aprendemos teoricamente. E, para isso, é necessário muito treino.

É claro que, se esse treino ocorrer ao final do estudo de cada bloco, ao final do programa de estudos ele já será praticamente automático. Mas se até agora você não trabalhou dessa forma, não se preocupe! É hora de começar.

Procure inter-relacionar as disciplinas estudadas. O que você pode aproveitar de uma para a outra?

Quando você aprender um conteúdo novo, procure em sua memória se já não viu isso em outra disciplina. Algo parecido, algo com a mesma estrutura. Relacione os conteúdos.

Como você estuda a matéria que mais gosta? Faça o mesmo com aquela com que tem menos afinidade. Pode ser que a metodologia de estudo ajude na compreensão de todo o conteúdo. Do mesmo jeito, faça o contrário! Estude sua disciplina predileta da forma com que estuda a menos íntima. Veja se se sairá bem, da mesma forma. Se isso não acontecer, treine! Nem sempre o conteúdo será cobrado da forma com que estudou. Esteja preparado para isso!

O EU, assim como a emoção e os fenômenos que leem a memória, é um fenômeno real e concreto. Ele se utiliza do pensamento virtual – dialético e antidialético – para conhecer a si mesmo e o mundo à sua volta. É a partir desses pensamentos que ele faz relações e inferências que construirão suas convicções.

Mais comum do que deveria é o fato de o EU atribuir aos pensamentos um peso maior do que eles realmente têm. É um tipo de fantasia: parte-se do conhecido, somado às emoções que o cercam, mais expectativas e aflições, e o resultado disso é uma mente ansiosa que cria situações que muitas vezes não existem.

Vamos pensar num caso concreto: sempre que sua turma escolar se comportava mal, você ouvia a professora dizer: "Tire uma folha do caderno. Vamos fazer uma prova". A prova, nessa situação, era sinônimo de castigo. Mais tarde, depois de concluir os estudos e estar prestes a concluir sua graduação, você deixa seu estágio e vai em busca do emprego dos seus sonhos! Um cargo inicial, numa grande empresa, pode ser muito concorrido. E qual é a porta de entrada para esse sonho? Uma prova. Nessa prova vão testar sua capacidade de suportar pressão, passar por situações adversas. Muitas vezes vão cobrar práticas que você ainda não aprendeu, mas, na verdade, o que eles querem saber mesmo é como você se sai diante de uma situação nova. Anos depois, você já tem um trabalho, mas se vê diante da possibilidade de prestar um concurso público. Você se prepara, estuda, aprende novos conteúdos, se dedica. E qual é a porta para esse desafio? Novamente, uma prova! E o que vai acontecer se você não for aprovado? Você vai se manter onde está. Nessa situação hipotética, não há nada a perder, não é mesmo? No entanto, você se lembra, mesmo que inconscientemente, da sua professora primária, que aplicava provas por punição, da sua graduação, que presenteava o melhor aluno com a isenção da prova, da pressão da prova do primeiro emprego. Qual o resultado disso? Você saberá todo o conteúdo, terá as disciplinas na ponta da língua, inter-relacionadas, mas quando receber a folha de prova, pode ser que o temido "branco" apareça!

Gerenciar a ansiedade é fundamental para fazermos escolhas inteligentes e nos sairmos bem das situações adversas que enfrentaremos ao longo da vida. A ansiedade é capaz de nos fazer fracassar quando temos tudo nas mãos. É ela que atrapalha o raciocínio correto, as escolhas, a aplicação prática daquilo que se sabe. É fundamental controlá-la. Exercite isso. Comece o quanto antes.

SOCIALIZAÇÃO

O homem jamais viverá só. Mesmo aqueles que escolhem viver só, isolando-se, convivem com figuras criadas em sua mente. A verdade é que o *Homo sapiens* não sabe viver sozinho. E por que isso acontece?

Há três motivos que respondem a essa pergunta:

1. Necessidades afetivas. Este é, sem dúvida, o mais óbvio motivo. O ser humano procura proteção, segurança. Necessita da troca afetiva, da cooperação social.
2. Matrizes de janelas na memória de uso contínuo – MUC e na memória existencial – ME. Essas matrizes fundamentam a importância de outras pessoas na construção do EU, ou seja, reforçam o significado que as pessoas têm em nossa memória.

3. Solidão social paradoxal da consciência virtual. Tratamos como paradoxal, pois estamos fisicamente próximos das pessoas, mas infinitamente distantes delas. Nossa consciência é virtual. Projetamos as pessoas que nos cercam, construímos suas imagens em nossa memória, mas não temos sua essência. Nesse aspecto, estamos sós. Interiormente sós. É complexo o entendimento deste terceiro motivo, então vale estudar os tipos de solidão, que são quatro:

   a. A dor de ser abandonado – trata-se do abandono por amigos, familiares etc. Embora se refira a uma conduta do outro, é um sentimento construído por nós mesmos.

   b. Autoabandono – refere-se ao EU que desiste de si mesmo. É a mais triste solidão. O indivíduo se entrega ao pessimismo, conformismo, morbidez, fobia social, humor depressivo, obsessão, impulsividade, timidez grave. Esta solidão pode ser um estágio avançado da primeira: já que me falta apoio social, nem eu mesmo me apoiarei. Alguns, ao passarem por dois ou três fracassos, desistem de si mesmos, deprimem-se, por terem atribuído àquele feito um valor muito superior ao que ele realmente tem, e, ao não conquistá-lo, entendem que perderam tudo. Acham que estão fadados ao fracasso. Há pessoas que, por sua vez, ainda que tenham fracassado algumas vezes, não desistem! Lembram-se sempre do objetivo maior e vão em busca dele, acreditando que são capazes. E realmente são.

   c. Solidão da consciência virtual – esta solidão trata do mundo virtual em que cada um de nós vive. Somos capazes de sonhar, criar personagens, imaginar um futuro, e isso só existe dentro de nós. Dentro de nosso mundo. O relacionamento entre esse mundo e o mundo de outro indivíduo é virtual. De acordo com a Teoria da Inteligência Multifocal, o ser humano não é social somente pela afetividade ou porque foi educado para sê-lo, muito menos somente pela necessidade de sobrevivência. Conforme a teoria, buscamos ser sociais para transpor a barreira da solidão da consciência virtual.

d. Solidão do EU – trata-se da distância entre o "pensar" e o "ser". Esse espaço gera uma importante ansiedade, vital para nossa existência. É ela que motiva a construção de pensamentos, emoções e imagens mentais. Podemos dizer que essa ansiedade é nossa motivação: é ela que nos faz buscar sempre mais, conhecer novos lugares, novas pessoas, nos interiorizar, buscar nossas origens. Então, onde se encontra o problema? O problema ocorre quando o EU não controla essa ansiedade, permitindo que ela tome proporções absurdas, traduzidas pelo excesso de preocupação, de informação, de atividade, de expectativa, de ruminação do passado, de pensamento sobre o futuro, de supervalorização do que os outros pensam a nosso respeito. Esses fatores vão tirando nosso prazer de viver. Não encontramos mais as respostas em nós mesmos, pois as procuramos nos outros. E, como nossa relação com o outro é virtual, nos sentimos cada vez mais sozinhos.

Quem é capaz de gerenciar seus pensamentos, controlar a ansiedade, se reconhecer no mundo conforme suas potencialidades, conversar com outras pessoas, trocar ideias e experiências, rir, brincar, descontrair-se, tem mais facilidade de superar qualquer tipo de solidão.

Pausas são necessárias. Olhe para si. Veja como se sente. Socialize. Tão importante quanto reter informações é acomodá-las e higienizar a mente para as próximas informações que necessariamente virão.

Cuidado com os excessos! Excesso de expectativa, de preocupações com o futuro, necessidade excessiva de aprovação dos demais, lembranças excessivas de episódios negativos passados podem tirar seu foco e sua disciplina do objetivo principal. Seja seguro e esteja convicto da sua meta. Relacione-se com pessoas positivas. A diferença entre um EU saudável e um EU solitário está aí.

A AUTOCONSCIÊNCIA

O ideal para um EU saudável é que ele tenha trabalhado bem sete grandes funções vitais. São elas:

1. Possuir autoconsciência e, consequentemente, a capacidade de observar-se.
2. Gerenciar os pensamentos e, consequentemente, administrar a ansiedade.
3. Proteger a emoção e, consequentemente, desenvolver a resiliência.
4. Colocar-se no lugar dos outros e desenvolver uma sociabilidade madura.
5. Libertar o imaginário e desenvolver a criatividade e a capacidade de pensar antes de reagir.
6. Construir, reconstruir e reeditar as janelas da memória.
7. Conhecer os mecanismos básicos de sua formação.

> *A autoconsciência nada mais é do que a capacidade do próprio EU de se conhecer, tendo consciência de si mesmo, identificar-se e atribuir significado e relevância a si.*

A autoconsciência é o quinto mecanismo de construção do EU. Desenvolvê-la, por mais que pareça simples, não é. Dificilmente nos questionamos sobre quem somos e o que viemos fazer, mas, se entendermos o grau de importância dessa reflexão, certamente estaremos mais perto de alcançar a gestão do nosso EU.

Desenvolver a autoconsciência é uma habilidade que está intimamente ligada com o delinear de nossos objetivos e metas. Quem somos? Do que somos capazes? Quais nossas habilidades? O que ainda precisamos desenvolver?

Alguma dúvida de que estas são questões fundamentais para nossa existência?

Então vamos praticar:

Quem é você?
_____
_____
_____

Aonde quer chegar?
_____
_____
_____

O que está fazendo para atingir sua meta?
_____
_____
_____

Quais suas potencialidades?
_____
_____
_____

Conforme o caminho que deve percorrer para atingir sua meta, qual sua maior dificuldade?
_____
_____
_____
_____

Que habilidade ainda precisa desenvolver?
_____
_____
_____
_____

Quem não desenvolve a autoconsciência, vive por viver e desenvolve suas atividades diárias automaticamente. Trabalha, estuda, se relaciona, frequenta grupos religiosos, políticos, de esportes, artísticos apenas por frequentar. Não tem um objetivo em mente, ou seja, perde tempo.

Quem não se conhece, começa diversas coisas e não termina nenhuma. Não se atenta às suas potencialidades, nem desenvolve habilidades necessárias para atingir seus objetivos.

Não podemos perder nosso precioso tempo com condutas vazias, sem propósito.

Entenda-se. Direcione sua energia para a conquista de seus ideais. Isso é aproveitar a vida. Isso é manter-se disciplinado.

A autoconsciência admira a existência. Se tivermos ciência de que somos seres únicos no palco da vida, nos surpreenderemos com a existência. Pausas no trabalho e nos estudos para reflexões sobre como estamos contribuindo com a vida são fundamentais. Dão a base que precisamos para seguir em frente. Vão ajudar na nossa contextualização no mundo.

Para desenvolver a autoconsciência, nos utilizamos de ferramentas. Três delas são essenciais: se interiorizar, se observar e se mapear. Essas ferramentas são essenciais para promover o conhecimento de si mesmo, tornando o EU saudável e inteligente.

Essas três ações são muito desenvolvidas nos consultórios de psicoterapia, mas deveríamos fazê-lo sem precisar da ajuda de profissionais. Ora, só depende de nós.

Vamos aprender?

Interiorizar-se: é a ação de voltar-se para dentro de si mesmo. Não podemos nos autoanalisar superficialmente. Precisamos mergulhar nas profundezas de nosso psiquismo para nos entendermos verdadeiramente. Existe uma diferença latente entre se interiorizar e se punir. Fazer uma autoanálise resgatando culpas e angústias é autopunição e não tem a ver com a interiorização necessária para o autoconhecimento. Este, inclusive, pode ser um grande medo das pessoas, que as leva a não praticar essa arte de se interiorizar. É necessário ultrapassar essa barreira. Interiorizar-se é preciso.

Temos muitas boas experiências dentro de nós, memórias positivas, situações agradáveis pelas quais passamos, desafios complexos que superamos. É nesses elementos que devemos nos apoiar.

Se conseguirmos nos utilizar desses elementos positivos, fazendo da interiorização um instrumento de acesso à memória, nosso raciocínio seria, certamente, muito mais brilhante do que já é. Cortaríamos caminho. Aproveitaríamos experiências passadas, abrindo janelas light para cada situação.

Pessoas com comportamentos agressivos, arrogantes, depreciativos são especialistas em se exteriorizar. Falam de si mesmas, mas não se interiorizam. Embora tenham milhares de experiências positivas dentro de si, não sabem acessá-las. Não se aprofundam em sua *psique*.

Para desenvolver a interiorização, é necessário passarmos por algumas etapas importantes.

Em primeiro lugar, não agir impulsivamente. Não dê a primeira resposta que vier à mente, não revide a uma agressão, não aja sem pensar. Essas atitudes te impedem de acessar a memória de forma correta, elaborando melhor as respostas.

Depois disso, é importante mergulhar em si mesmo para encontrar a resposta inteligente para aquela ação. Ela está dentro de você.

Por fim, exercite as perguntas "quem sou eu?", "quem o outro é?", "por que essa ofensa foi dirigida a mim?", "já passei por essa situação?", "como me saí dessa situação anteriormente?", "quais as minhas alternativas agora?". Essas perguntas certamente vão abrir janelas light e te fazer responder de forma inteligente. Explore suas memórias.

Observar-se: é ter um olhar cuidadoso de si mesmo. É partir da interiorização e perceber seus próprios detalhes. Devemos questionar se temos agido da maneira correta, se temos sido quem desejamos ser para os outros, se temos caminhado em direção aos nossos objetivos da melhor maneira. É um autodiálogo, que deve ser relaxante e agradável. Seja íntimo de si mesmo.

Ao contrário da interiorização, que é utilizada para darmos respostas inteligentes para os outros, a observação é necessária para darmos respostas inteligentes para nós mesmos.

Mapear-se: é entrar em contato com nós mesmos, sem disfarces, sem máscaras, sem posições sociais, sem avaliações externas.

A habilidade de se mapear vai permitir que tenhamos consciência das nossas fraquezas, dos nossos limites. A partir dessa ação, poderemos reorganizar e reciclar as bases que estruturam nossas mentes.

É o automapeamento que vai nos fazer ficar longe da necessidade de ser perfeito. Por meio do mapeamento podemos reconhecer nossas limitações e trabalhar com elas, dando o melhor de nós, nos dedicando sempre, mas reconhecendo quem realmente somos.

GATILHO DA MEMÓRIA

O sexto mecanismo de construção do EU relaciona-se ao fenômeno do gatilho da memória.

O gatilho da memória – ou fenômeno do autofluxo – é o fenômeno de abertura das janelas do córtex cerebral a cada estímulo que recebemos, sejam eles físicos ou psíquicos. Ver uma imagem, ouvir uma música, tocar algum objeto, sentir um aroma, provar um alimento são estímulos físicos capazes de acionar o gatilho da memória e fazer você resgatar experiências anteriores para interpretar aquelas sensações. Assim como esses estímulos, os estímulos psíquicos têm o mesmo poder: imagens mentais, desejos, ideias, expectativas.

Quando você iniciou a leitura deste livro, certamente tinha algumas expectativas sobre o que encontraria, baseadas em experiências anteriores. A cada capítulo, os gatilhos da memória são acionados e os arquivos armazenados te auxiliam na interpretação e assimilação do texto, conforme suas experiências.

O gatilho da memória é um fenômeno inconsciente. O EU, fenômeno consciente, alimenta-se dele para produzir pensamentos e emoções.

Sem o fenômeno do gatilho da memória poderíamos deixar de compreender diversos estímulos do mundo real: interpretar um texto, a letra de uma música, uma obra de arte; participar ativamente de uma conversa, um debate, compreender exposições de ideias; compreender uma aula, um novo conteúdo, revisar conteúdos estudados.

Todos esses estímulos não poderiam ser aproveitados se o gatilho da memória não existisse.

Você deve estar considerando esse mecanismo do gatilho da memória como apenas mais um elemento do complexo sistema da *psique*. No entanto, devemos ressaltar onde está o perigo desse fenômeno.

Como foi dito, o EU se utiliza do gatilho da memória, que abre janelas da memória para que ele possa construir emoções e pensamentos a partir de estímulos específicos. Aqui, vale relembrar que existem janelas light e janelas killer, que foram construídas ao longo de nossa existência, e ambas podem ser acessadas pelo fenômeno do gatilho da memória.

O perigo está aí: se uma situação aciona o gatilho da memória para uma janela killer, o EU construirá emoções e pensamentos negativos relacionados àquele fato. Neste caso, é importante lembrar as experiências negativas que também acumulamos ao longo da vida. Se elas não forem bem trabalhadas, podem ser trazidas à tona por esses gatilhos, nos momentos mais inoportunos.

Vamos utilizar novamente o exemplo das provas. Aquelas aplicadas por punição ou em momentos de extremo estresse. Quando recebemos uma folha de prova, por mais que estejamos adequadamente preparados para responder às perguntas técnicas, se forem acionados gatilhos da memória que abrirão janelas killer, os pensamentos produzidos serão sobre as emoções negativas e não sobre autoconfiança ou motivação que você nutriu ao longo dos estudos.

> *É importante que você perceba que as lembranças sobre frases motivadoras, apoio de pessoas importantes, motivações internas – aquelas que você descreveu anteriormente – podem estar relacionadas à sua preparação, mas não necessariamente ao momento da prova em si.*

Para trazer um exemplo mais cotidiano, pense num assunto que te incomoda. Pode ser política, futebol, ou qualquer situação adversa. Provavelmente em algum momento você discutiu sobre isso, discordou, questionou e nem sempre ficou satisfeito com o desfecho do debate. Pode ser que, quando esse assunto vier à tona posteriormente, ainda que não na mesma situação, sua primeira reação seja colocar-se em posição de defesa, afinal, sua memória sobre o tema não é agradável.

O gatilho da memória é um fenômeno inconsciente que vai abrir as janelas que encontrar, a partir dos estímulos recebidos. E qual é o fenômeno consciente, que pode trabalhar esta situação? O EU.

Neste caso, como veremos no próximo capítulo, é importante interiorizar-se. Descobrir quais as janelas killer que precisam ser urgentemente reeditadas, para que o EU não compre uma informação prejudicial, que atrapalhe num momento importante, que exija de você a maior dedicação e concentração possível: a prova.

Se o EU não for capaz de reconhecer as armadilhas dos gatilhos da memória, ele se tornará flutuante. Pessoas calmas podem apresentar reações agressivas diante de alguma situação, alunos espetaculares podem ter péssimos resultados em provas, excelentes oradores podem ficar sem palavras em momentos inadequados. Tudo isso é resultado das armadilhas que os gatilhos da memória podem nos oferecer. Não cair nessas armadilhas da mente depende de muito treino e fortalecimento do EU.

Um EU inteligente não se aprisionará no cárcere das janelas killer. Ele deve desenvolver autoconsciência e maturidade para que seja capaz de se refazer, se reciclar e não se prender a esse processo criado pelo gatilho da memória.

O gatilho da memória pode dar início a crises causadas pelas janelas killer, que conduzirão o EU a uma situação constrangedora. Essas crises podem ser consideradas catástrofes ou oportunidades de organização das ideias e fortalecimento do EU para acomodação da experiência de forma light. Gerenciar as crises é a atitude de um EU inteligente e desenvolvido.

> *Se não for possível o EU mudar o ambiente, ele deve mudar a si mesmo. Se não o fizer, será vítima, e não ator principal do seu script.*

Duas fortes características de um EU desenvolvido são a adaptabilidade e a flexibilidade. Estar diante de uma situação adversa e procurar a melhor maneira de sair dela, com serenidade, respeitando a si e aos outros, seguindo seus planos e agindo de forma consciente e humilde é sinal de um EU inteligente e forte, que está preparado para todas as situações do dia a dia.

Estar aberto a novas ideias e novos conceitos, sendo apto a receber novas atribuições, diferentes desafios, iniciar novas caminhadas estabelecendo prioridades conforme seus objetivos que, a esta altura, já estão bem delineados, são características de pessoas que possuem adaptabilidade bem desenvolvida.

Se tivéssemos a possibilidade de saber ao certo onde estão as janelas light com experiências saudáveis que marcaram nossos momentos de sucesso, não tenha dúvida de que somente nos ancoraríamos nelas. Mas isso não é possível. Elas estão misturadas a milhões de janelas que podem ser resgatadas, fora da ordem ideal, a qualquer momento, sob qualquer estímulo. Desenvolver a gestão sobre a *psique* é fundamental para administrar situações adversas que possam trazer às superfícies momentos difíceis pelos quais passamos. Encare essa situação como uma possibilidade de reeditar essas janelas, para que elas não mais atrapalhem seu dia a dia.

Como já foi apresentado em outros livros, 80% das demissões em empresas não ocorrem por falta de capacidade técnica dos profissionais, sobretudo dos líderes das empresas. Elas ocorrem por inabilidades sociais: incapacidade de lidar com frustrações e insucessos, inabilidade de gerência sobre a equipe, dificuldade em se relacionar com pessoas difíceis, problemas em orientar projetos e novos trabalhos. Da mesma maneira, grande parte das reprovações acontece pela dificuldade de o candidato gerenciar o tempo, o estresse, as emoções na hora da prova. Parecem elementos simples, mas no momento mais importante eles podem se apresentar de forma desafiadora.

Uma coisa é certa, tudo é incerto; há curvas imprevisíveis em toda trajetória existencial.[1]

---

[1] A fascinante construção do eu, p. 141.

Hoje, as exigências nas provas são muitas, os conteúdos são múltiplos e muitas vezes são cobrados de forma interdisciplinar. O estudante está preparado para realizar as mais difíceis provas. Provas objetivas, discursivas, práticas, interpretativas, orais, físicas, dinâmicas, diversos tipos de testes. Somos treinados para responder perguntas com perfeição. Sabemos e somos capazes de decorar conceitos. Quantos materiais ensinam isso? Muitos.

Nossa deficiência nos dias de hoje é emocional. Não sabemos gerir nosso EU para ter equilíbrio e sanidade para realizar uma prova com qualidade. Não conseguimos esperar para receber a folha de provas sem que isso gere ansiedade. Depositamos naquele papel toda a expectativa sobre nosso futuro, como se nossa vida dependesse daquilo para continuar.

É claro que é importante ser aprovado. Algumas carreiras só começam depois da aprovação no exame da entidade de classe, os cursos de graduação são concluídos com provas; provas de concursos públicos abrem portas para uma vida mais próspera e estável. Mas não dê a isso tudo importância maior do que realmente tem.

Prepare-se com qualidade. Conheça os conteúdos. Prepare-se ao longo do percurso e não somente nos dias anteriores. Garanta sua parte técnica, sua parte física. Treine sua parte psíquica. Ela também terá um peso grande em sua aprovação.

Respire fundo. Lembre-se de que é capaz! Está qualificado para transpor esse obstáculo. A hora da prova é somente para você demonstrar o que já sabe.

Exercite sua inteligência multifocal. Signifique conceitos, administre sua ansiedade e esteja preparado para o sucesso.

> *A maior aventura de um ser humano é viajar, e a maior viagem que alguém pode empreender É para dentro de si mesmo.*
>
> *E o modo mais emocionante de realizá-la é ler um livro, Pois um livro revela que a vida é o maior de todos os livros, Mas é pouco útil para quem não souber ler nas entrelinhas, E descobrir o que as palavras não disseram...*

O ser humano aprendeu a atuar no teatro social com brilho, mas não no teatro psíquico, onde é preciso filtrar estímulos estressantes, gerir seus pensamentos, proteger sua emoção. Somos tímidos expectadores onde deveríamos ser ágeis atores. Decifrar os códigos da inteligência não é um luxo intelectual, mas uma necessidade psíquica vital!

4 COMO UTILIZAR OS CÓDIGOS DA INTELIGÊNCIA

Já estudamos o funcionamento da mente e a maneira como a memória e as experiências são organizadas, para construção do nosso pensamento. Agora vamos falar sobre a inteligência, propriamente dita.

De maneira geral, a inteligência humana pode ser definida da seguinte forma:

> *Capacidade de raciocinar, resolver problemas, pensar, compreender ideias, organizar reações e aprender.*

É por meio da inteligência que somos autorizados a lembrar de produzir informações, a criar e obter conhecimento. Entender seu funcionamento vai te auxiliar na busca de um melhor rendimento nos estudos.

A inteligência se sustenta por meio da percepção, da atenção, da memória, do pensamento criativo, do autocontrole, da adaptação social e até da motivação para a tomada de decisões. Logo, a inteligência dispõe de aptidões não apenas intelectuais, mas emocionais, sentimentais e sociais. Partindo desses pilares, percebemos que ela deve ser entendida não só como estrutura cognitiva abstrata e independente, mas como uma expressão da personalidade.

São os códigos da inteligência que vão nos surpreender com soluções sobre o melhor uso possível da nossa capacidade de aprender e nos superar, incentivando a liberação da criatividade, valorizando a arte de pensar, desenvolvendo saúde psíquica para a excelência nos estudos.

As pessoas que mais se destacam são aquelas que decifram de forma profunda os códigos da inteligência, desvendando seus segredos, tendo disciplina e treinamento para assimilá-los. Logo, o treinamento necessário aqui é para decifrar e aplicar esses códigos. Sem eles não podemos desenvolver nosso imaginário, nem nossa capacidade de superação ou nossas potencialidades intelectuais, já que a memória é seletiva.

Falar que a memória é seletiva refere-se ao que estudamos: a memória abre e fecha dependendo da emoção que vivenciamos em determinado momento: as emoções negativas de tensão e medo fecham as janelas da memória, enquanto as emoções positivas de prazer e tranquilidade as abrem.

O objetivo desse mecanismo de seletividade da memória é proteger nossa mente contra o congestionamento de imagens mentais, pensamentos e ideias. Quando estudamos à exaustão, muitas vezes misturamos dados e informações, perdendo a clareza do raciocínio. Se essa seleção não existisse, esse cenário seria constante, pois todos os arquivos seriam expostos e nosso córtex cerebral não suportaria tantas informações. Se existe uma habilidade que todo estudante deve buscar aperfeiçoar, é a memória.

Na fase de preparação para as provas, o estudante tem uma infinidade de conteúdos para estudar, e ainda que tenha um planejamento eficaz de estudo, deve procurar desenvolver uma boa preparação mental para ser capaz de absorver todo o conteúdo necessário e lembrar-se deles, inter-relacionando-os.

Se essa memorização e aproveitamento dos estudos for um problema para você, não se preocupe! Vamos tratar de algumas técnicas que te ajudarão a melhorar seu desempenho na preparação e obter sucesso nas provas!

A utilidade da memória é relacionada à possibilidade de o indivíduo se aproveitar de uma experiência anterior para resolver problemas e passar por situações semelhantes durante a vida. Claramente, esse processo provoca o desenvolvimento de aptidões em cada ser humano, relacionadas tanto às lembranças de situações anteriores conscientes como a atitudes inconscientes: aprendizados condicionados, por exemplo.

Para tornar esse processo de memorização eficaz, sobretudo nos estudos, é importante treinar. Construir os dados, relacioná-los com eventos significativos, absorver por repetição são algumas maneiras de treinar esse mecanismo tão importante para todo tipo de desafio.

Então vamos treinar!

Memorize as palavras a seguir. Mais adiante, vamos verificar como anda nosso processo de memorização.
Conteúdo – Veículo – Licitação – Floresta – Policial – Copo – Processamento – Verão – Armadilha – Lúdico – Terno

AS ARMADILHAS DA MENTE

Durante o processo de formação da personalidade humana, diversas armadilhas mentais são estrategicamente construídas para atrapalhar o pensamento saudável. É necessário que o indivíduo tenha lucidez para reconhecer tais armadilhas, humildade para assumi-las e determinação para superá-las, para que elas interfiram o mínimo possível na construção dos pensamentos.

São elas:

1. **O CONFORMISMO**: É a arte de não reagir mediante as dificuldades e aceitá-las passivamente. O indivíduo conformista é mentalmente preguiçoso e se demonstra inerte em relação à área em que se considera incapaz, aceitando o fator "destino" para todos os seus insucessos.

O contrário do indivíduo conformista é o ativista. Enquanto o conformista enxerga as dificuldades como derrotas admitidas, o ativista as vê como oportunidades de crescimento. O conformista vê uma pilha de conteúdo a ser estudado como um desafio intransponível, um volume impossível de temas a se assimilar; o ativista, por sua vez, enxerga muita oportunidade de aprendizado à sua frente, conteúdos que vão se integrar à sua vontade de vencer, rumo ao objetivo final.

É claro que não há uma pessoa completamente conformista ou completamente ativista, mas é fundamental gerirmos esses fatores para mantermos o equilíbrio emocional, que nos auxiliará em nosso plano de crescimento interior.

2. **O COITADISMO**: É a potencialização do conformismo, configurada na arte de ter compaixão de si mesmo. O conformista aceita que não é capaz, o coitadista faz marketing dessa crença, praticando a autopiedade sem considerar que esta é uma forma eficaz de asfixia do prazer.

3. **O MEDO DE RECONHECER ERROS**: É o medo de se assumir como ser humano que possui defeitos, fragilidades e incoerências. Esse medo, muitas vezes, é inconsciente, incentivado pela cultura do endeusamento, criada pela sociedade, que impõe a necessidade do perfeccionismo. O medo da exposição, do julgamento, da crítica, faz com que os indivíduos se escondam e não aproveitem suas potencialidades, perdendo oportunidades em todas as áreas de relacionamento.

Reconhecer nossas fraquezas e entrar em contato de maneira nua e crua com nossa realidade é fundamental para oxigenar a inteligência, reeditar a memória, superar conflitos e obter sucesso.

4. **O MEDO DE CORRER RISCOS**: O medo de correr riscos também é um medo de exposição. Ele faz o indivíduo se manter, insistentemente, na zona de conforto, deixando de olhar para qualquer oportunidade que lhe bata à porta. Esse medo gera o bloqueio da criatividade, da ousadia e da liberdade. Nunca será possível eliminar todos os riscos, até porque a existência por si só já é um risco. Superar as demais armadilhas da mente não é suficiente. É importante ter coragem de assumir riscos e ultrapassar desafios.

SÍNDROME DO PENSAMENTO ACELERADO

Estudamos que a memória é seletiva, mas é importante saber que ela pode ser mais limitada ainda por bloqueios gerados pelo estresse intenso que, por sua vez, bloqueia o código da intuição criativa, fazendo o *Homo bios* se sobressair ao *Homo sapiens*, gerando a síndrome do pensamento acelerado – SPA.

Durante uma prova, o estresse pode fechar as janelas da memória, gerando péssimos desempenhos intelectuais em pessoas brilhantes.

A matéria está na ponta da língua, mas e se der branco? Vamos treinar para que isso não aconteça!

Estudos comprovam que a aprendizagem e o bom desempenho dos alunos não se relacionam somente a questões de inteligência e memorização de conteúdo. Há um fator importante que deve ser sempre levado em consideração: o gerenciamento das emoções.

A maneira como o estudante encara o desafio das provas certamente impactará em seu desempenho. É fundamental manter serenidade e equilíbrio, afinal, a matéria está na ponta da língua, não está?

A inteligência é muito abrangente. Como dissemos, é multifocal, multidinâmica, multifatorial, e possui múltiplas áreas que participam da sua formação.

O conceito global de **inteligência multifocal** entra em três grandes áreas. As duas primeiras são inconscientes e a última, consciente. Vejamos:

1. A primeira área é a mais profunda, refere-se aos fenômenos inconscientes. E eles são: o autofluxo, o gatilho da memória, a janela da memória e o EU. Esses fenômenos atuam em milésimos de segundos no resgate e na organização das informações que constam da memória, na construção dos pensamentos e emoções. Uma vez gerados os pensamentos, eles retornam para a memória e são registrados pelo fenômeno RAM (registro automático da memória), construindo a plataforma de formação do EU, que caracteriza a expressão máxima

da consciência crítica e da capacidade de escolha. Tudo o que pensamos, sentimos e experimentamos se transforma na plataforma de construção do EU.

2. A segunda área da teoria multifocal da inteligência se relaciona com as mais complexas variáveis influenciadoras dos fenômenos que leem a memória e constroem os pensamentos. Ao contrário do que imaginamos, não temos controle sobre o processo de construção intelectual, já que a produção de pensamentos, além de complexa, foge do controle do EU. Os códigos da inteligência são variáveis multifocais que mesclam genética, cultura, ambiente social, estado emocional e motivacional, além de habilidades particulares, tornando-se tão importantes quanto aprender a comer, andar e respirar.

O EU, figurando aqui como administrador do intelecto, é apenas um dos códigos da inteligência. Se, mesmo sendo bons gestores psíquicos, não dominamos completamente os pensamentos e as emoções, imagine se não decifrarmos esse código, se abrirmos mão dessa gestão que ocorre na segunda grande área da inteligência.

3. Como resultado das duas primeiras grandes áreas da inteligência, temos a terceira. Nela encontram-se comportamentos perceptíveis, capazes de serem analisados, avaliados e medidos. É nesta área que se observa a rapidez de raciocínio, o grau de memorização, a capacidade de assimilação de informações, o grau de maturidade nos focos de tensão, bem como os níveis de tolerância, inclusão, solidariedade, generosidade, altruísmo, segurança, timidez e empreendedorismo, por isso é uma área consciente. É nela que são feitos os mais variados testes para se medir os diversos tipos quocientes de inteligência. Todos esses testes são circunstanciais, parciais e incompletos, porque as habilidades que encontramos em uma pessoa, não encontraremos em outras; capacidades medidas num determinado momento podem não ser encontradas noutro instante.

Nessas três grandes áreas é que se embasam os códigos da inteligência. Decifrá-los e aplicá-los são processos conscientes. Praticar esse exercício de aplicação dos códigos nos ajudará a entrar nas camadas mais profundas da inteligência humana.

Sem decifrar os códigos da inteligência, não teremos musculatura emocional para irrigar o desenvolvimento da serenidade, do altruísmo, da coerência, da ousadia e da criatividade. A maior parte das pessoas não sabe ao menos que tem um EU (consciência crítica) e que este deve exercer um controle de qualidade sobre os pensamentos.

O sistema educacional tem como objetivo preparar os alunos para o mercado de trabalho, e não para a vida, pautando sua retórica na transmissão de informações, e não na capacidade de intuir, criar, filtrar estímulos estressantes e gerenciar pensamentos. Nosso maior desafio é estudar tendo o EU como gestor do intelecto, fazendo com que os conteúdos se inter-relacionem e façam sentido, garantindo, assim, maior qualidade na aprendizagem e maior assimilação do conteúdo, por mais abstrato que seja.

É necessário entender que os resultados de perdas e ganhos, vitórias e insucessos dependem sempre de nós mesmos, das nossas ações, da nossa dedicação, expectativas, sonhos e medos. Quanto você acredita que pode vencer um desafio? Essa expectativa sempre terá relação direta com seu sucesso. Aqui, ter o EU como gestor do seu intelecto, permitirá que você aplique tudo o que sabe para alcançar a expectativa positiva.

Para ter saúde psíquica e expandir os horizontes da inteligência, devem-se decifrar os códigos dela. A mente humana é um terreno tortuoso e cheio de segredos, um fenômeno tão concreto e ao mesmo tempo inatingível, um espaço infinito e ao mesmo tempo tão pequeno que cabe dentro de um cérebro. Os códigos de um intelecto extraordinário, intuitivo e criativo dependem de treinamento, mais do que da carga genética. Descobrir e utilizar esses códigos pode ser determinante para o futuro do indivíduo: quanto mais se decifra, mais nos tornamos humanos. Então o grande desafio do ser humano é abrir o máximo possível de janelas em um determinado momento para reagir de forma lúcida e coerente diante dos desafios.

Pequenas mudanças nos ambientes podem transformar a interpretação. Uma simples mudança em nosso estado emocional de tranquilidade para ansiedade pode gerar várias interpretações diferentes para a mesma situação, ainda que seja imperceptível. A verdade humana nunca é pura, mas interpretativa, mas quando deciframos os códigos da inteligência, nos tornamos mais flexíveis e tolerantes e, consequentemente, obteremos mais sucesso.

Aqui você terá algumas dicas que poderão ajudá-lo a enfrentar maratonas de provas. Conhecendo, decifrando e praticando a TIM, você obterá sucesso naturalmente.

> *Há um mundo a ser descoberto dentro de cada ser humano. Há um tesouro escondido nos escombros das pessoas que sofrem. Só os sensíveis e sábios os descobrem.*

OS CÓDIGOS DA INTELIGÊNCIA

Não conseguimos mudar a estrutura da nossa mente, nem as características inconvenientes da nossa personalidade. O que podemos fazer – e devemos – é decifrar os códigos da inteligência, utilizando as ferramentas para que nosso EU seja atuante e eficaz, melhorando nossa maneira de ser, reagir, ver, interpretar a vida, e expandindo nossas habilidades intelectuais, emocionais e sociais.

Expandindo nossas habilidades intelectuais, estimularemos o cérebro melhorando o raciocínio lógico, desenvolvendo a concentração e a percepção do ambiente. Esses fatores estão ligados intimamente ao bom rendimento dos estudos, afinal, como já mencionado, o desafio é inter-relacionar conteúdos para a eficiente aplicação do que foi aprendido.

Esse exercício pode ser praticado em qualquer fase da aprendizagem, como, por exemplo, exercitando o hábito da leitura. Desenvolver uma leitura crítica é fundamental para o sucesso nos estudos. Daí para aprender a gostar de estudar é um curto passo, mas que precisa ser desenvolvido.

> *Aprender é um exercício que deve ser praticado para que os resultados sejam cada vez melhores.*

O resultado da prática da aprendizagem, além do prazer, levará o aluno a utilizar o pensamento de maneira multifocal, ou seja, permitirá que ele identifique múltiplas soluções para cada situação. Isso culminará numa maior flexibilidade de pensamento: o indivíduo enxergará diversas possibilidades, terá sua criatividade e produtividade estimuladas, trabalhará longe de sua zona de conforto com tranquilidade e, principalmente, será capaz de ativar as janelas light e reeditar as janelas killer, a fim de se lembrar com segurança dos conteúdos estudados nas provas, exames e concursos.

Os códigos básicos da inteligência são desenvolvidos pelo treinamento sistemático.

A seguir você identificará os códigos da inteligência. Treine-os. Assimile-os. Não basta reconhecê-los e admirá-los, é preciso decifrá-los intimamente, identificá-los em você. Eles te levarão à disciplina necessária para o alcance do sucesso.

Código do EU como Gestor do Intelecto

Este código relaciona-se com a autoria da nossa história. Devemos sempre exercer a arte da dúvida, da crítica e da determinação. Essa conduta nos levará a deixar a condição de espectador passivo da nossa vida para nos tornarmos autores da nossa própria história.

Para percorrer esse caminho e chegar ao objetivo, é necessário aprender a filtrar os estímulos estressantes, reeditar as janelas killer de nossa mente, construir janelas light paralelas e fazer constantemente a mesa-redonda do EU, ou seja, a autoanálise. Um EU gestor aprende que pouco a pouco pode construir pensamentos e emoções, reeditando suas zonas de conflito, expandindo suas habilidades e desenvolvendo a inteligência emocional interpessoal e intrapessoal.

Código da Autocrítica

Autocrítico é quem analisa seu papel no mundo e nas relações com as outras pessoas; é quem avalia seus atos, pensamentos e condutas a fim de se corrigir e melhorar sempre.

Este é o código de quem se autoavalia ponderando seus atos, julgando seus comportamentos e refletindo suas atitudes. Ele se refere à análise da maneira de agir e dos erros cometidos, dos acertos e das possibilidades de se realizar uma eventual autocorreção.

O objetivo deste código é o constante aprimoramento individual, inerente ao processo de autoconhecimento, em que o ser humano conhece a si mesmo, identificando seus pontos fortes e fracos, reconhecendo suas potencialidades para desenvolvê-las e, a partir disso, corrige os rumos da sua jornada existencial.

O código da autocrítica pode ser aplicado à maneira como estudamos. Nos dias de hoje, temos uma série de materiais que indicam os melhores métodos de estudo, conforme seu objetivo. Em razão desse infindável número de estímulos, é comum que o estudante se sinta perdido e recorra com confiança a essas dicas engessadas sobre a melhor maneira de estudar. A autocrítica deve ser exercitada neste momento: a metodologia da moda é eficiente para o meu objetivo? Adapta-se à minha realidade? É possível para o meu dia a dia? Se a resposta for negativa, não há nada de errado em recorrer a métodos ditos "ultrapassados". Lembre-se: o melhor método é aquele que se adapta a você! É este que vai te ajudar a obter sucesso e realizar seu sonho.

O código da autocrítica vai muito mais além da consciência superficial das próprias falhas, pois quem decifra esse código se localiza no eixo tempo-espacial-existencial. Para isso, precisamos pensar nas consequências dos nossos comportamentos.

O exercício da autocrítica leva a uma conclusão: devemos pensar antes de agir!

Tudo o que vivemos é registrado e tudo o que falamos fica arquivado. A memória não obedece nossa vontade. Se tivermos consciência da consequência dos nossos atos, pensar antes de agir será natural. Nos segundos seguintes de um foco de tensão, zonas de conflito que bloqueiam milhares de janelas light nos controlam, impedindo o acesso a informações que nos forneceriam serenidade, coerência intelectual e raciocínio crítico. Pensar nas consequências dos comportamentos é a base para a construção de um futuro saudável alicerçado em um presente saudável.

A autocrítica não afasta todos os tipos de medo, pois sabe que alguns são imprescindíveis. O medo se faz necessário para a preservação da vida: ele é fruto da capacidade de pensar nas consequências dos comportamentos. Pensar antes de reagir é uma das ferramentas mais nobres de quem decifrou o mais alto nível do código da autocrítica. Esse mecanismo vai impedir que você caia em diversas armadilhas da mente.

Código da Psicoadaptação ou da Resiliência

Trata-se da capacidade de sobreviver às intempéries da existência. É a capacidade de manter a serenidade diante de um obstáculo, de retomar o foco desviando da dificuldade. É necessário manter a calma e não se abalar diante de desafios que certamente surgirão. Uma reprovação, um conteúdo complexo, cansaço, estafa mental, imprevistos ou qualquer outro obstáculo não podem ser mais importantes que seu objetivo principal: o sucesso.

É a capacidade de ser flexível, se esticar, assumir formas e contornos para manter a integridade, preservar a vida e manter sua essência.

Aplausos e vaias, risos e lágrimas fazem parte do teatro da vida.

O grau de resiliência do indivíduo está intimamente relacionado à sua capacidade de superar e se adaptar perante as adversidades que surgem no caminho. É preciso estar ciente de que a vida é cíclica e que todas as escolhas têm suas perdas. Se você for gestor do seu EU, as adversidades não te atingirão, pois você saberá lidar com as emoções e será capaz de se manter em direção ao seu objetivo. Para isso, retorne ao código anterior: faça uma autocrítica e defina você se sua conduta é correta, se está no caminho certo. Mantenha seu foco. Você é capaz!

Decifrar o código da resiliência leva à criação de centenas de janelas light, aquelas que sustentarão seu EU maduro.

Parece simples, mas a resiliência por si só é um desafio. Como recobrar sua postura diante de uma adversidade? Encontre sua maneira. A autocrítica é uma delas, exercitar-se é outra, lembrar-se dos sucessos é mais uma, pensar em como superou outros fracassos também. O importante é que você encontre a sua maneira de retornar ao eixo e manter seu foco nos estudos. Sua preparação é o que te dará segurança para enfrentar dificuldades. Lembre-se de que está fazendo algo por si, para fortalecer ainda mais seu EU.

Os gatilhos da memória são dispositivos que, quando ativados, podem contribuir para tornar mais eficiente uma determinada habilidade ou para intensificar um sentimento, como a raiva e o estresse. Só depende das janelas que você cultivou. Busque identificar quais são os gatilhos da memória que te causam desconforto e afetam seu humor e, consequentemente, sua rotina de estudo. Isole esses gatilhos e procure estratégias para mantê-los desativados. Reescreva-os e transforme-os em janelas light.

Na iminência de uma situação adversa, lembre-se de ser resiliente, ainda que isso signifique retirar-se de uma situação que te incomoda, para não enfrentá-la. Conheça seus limites. Quem conhece a si mesmo faz da sua existência um espetáculo inigualável.

Código do Altruísmo

Altruísmo é a capacidade de se colocar no lugar do outro. É o segredo da afetividade social, da grandeza da alma, pois, quanto mais altruístas somos, mais humanos seremos. O altruísmo é o contrário do egoísmo e do individualismo e com ele expressaremos a grandeza da alma, e seremos agentes da bondade, compaixão, generosidade e desprendimento. Seremos solidários com quem falha e estimularemos o outro, incluindo-o.

Os altruístas não são ingênuos, ao contrário, doam-se aos outros porque aprenderam a reconhecer e a agradecer aos que se doaram por eles. Quem desenvolve esse código, torna-se um ser humano sem fronteiras.

Pratique o altruísmo. Seu exercício é desenvolver a paixão pela humanidade e a capacidade de se colocar no lugar do outro, a fim de desvendar suas necessidades. O importante é associar algo que é feito com pouco prazer a outras práticas que sejam prazerosas. Somente a educação altruísta resgata valores éticos e luta contra a prevalência do instinto humano.

Código do Debate de Ideias

O debate de ideias é a fonte da formação de pensadores, o segredo que fundamenta intelectos livres, seguros e participativos. Trata-se da base da formação intelectual, pois é preciso questionar as ideias transmitidas, aprender a expor e não impor suas ideias, dando direito para que os outros a confrontem.

Sem dúvida, é uma forma de aprender. Compartilhar conhecimento e ideias contrapostas é uma maneira saudável de enriquecer seu intelecto, aprendendo outros conceitos e pontos de vista diferentes.

O código do debate de ideias é que estimula o trabalho em grupo, a troca de informações e experiências, as interações, a exposição de ideias, todos esses elementos que eliminarão o cerco da insegurança.

A argumentação e a troca de informações são mecanismos incríveis para significar os conteúdos estudados. Significando os conteúdos, reforçamos a assimilação, facilitando a aprendizagem, afinal, somente conseguimos assimilar permanentemente o que faz sentido para nós.

Você tem a possibilidade de formar um grupo de estudos? Então mãos à obra!

Estudar em grupo muitas vezes traz mais resultado do que estudar sozinho. Em grupo você aproveita as potencialidades de cada um, troca ideias sobre os conteúdos que devem ser apreendidos, discute dúvidas, argumenta, defende seus pontos de vista, significa conteúdos e os torna permanentes.

E o que é necessário para decifrar o código do debate de ideias?

1. Ser instigado a expressar seus pensamentos.
2. Ser provocado a questionar o conhecimento transmitido.
3. Ser estimulado a indagar-se sobre o processo de produção.
4. Conhecer a história básica do produtor de conhecimento, suas batalhas, dificuldades exploratórias, golpes de ousadia, fragilidades, preconceitos enfrentados, desafios vivenciados.
5. Ter intimidade com a arte da dúvida.

6. Aprender a impor e não a expor suas ideias.
7. Jamais considerar seus paradigmas, conceitos, opiniões e ideias como verdades absolutas.
8. Dar direito para que os outros confrontem suas ideias.
9. Não ter a necessidade neurótica de estar sempre certo, saber que a unanimidade de pensamentos é burra, a sabedoria está em respeitar nossas diferenças.
10. Trabalhar em equipe, estimulando todos os participantes a expressarem suas ideias no ambiente do debate, trocar conhecimentos, usar experiências, procurar caminhos, construir metas.

Decifrar e desenvolver o código do debate de ideias fará sua preparação mais sólida. Um indivíduo seguro consegue superar melhor seus obstáculos, manter seu foco e caminhar com tranquilidade rumo ao sucesso.

Decifrar o código de debate é fundamental para o sucesso profissional. Quem desvenda esse código se torna um eterno aprendiz, pois a verdade é um fim inatingível na ciência.

Código do Carisma

É o código que traduz a capacidade de encantar, de envolver, de se surpreender, de admirar os outros e, principalmente, de admirar a si mesmo. É eficiente para simplificar uma mensagem, transmitir emoções, evocar simbolismos e significados. Este recurso faz com que o interlocutor se identifique mais facilmente com uma mensagem e se lembre dela melhor posteriormente, a memorize com mais facilidade.

O código do carisma é o código da afetividade, da amabilidade, da afabilidade e do romantismo existencial. É o segredo da paixão pela vida.

Algumas das ferramentas para decifrar o código do carisma consistem em ser amável, elogiar o outro, reconhecer seu valor, ser grato com quem colabora com você, ter prazer em ajudar e permitir-se ser ajudado.

Vale lembrar que o carisma não se refere somente ao outro, mas também a você mesmo. Se valorize e se reconheça. Valorize o momento da sua vida, comemore cada conquista. Seja grato a cada passo e cada objetivo alcançado. Dê o seu melhor e orgulhe-se disso.

Pessoas carismáticas e altruístas vivem melhor, amam mais, aproveitam cada momento da vida, são diplomáticas, inspiradoras e influenciadoras, têm um romance com a própria vida, pois ficam deslumbradas com os segredos da existência.

Código da Intuição Criativa

Criatividade é uma dádiva. É uma das maiores qualidades do *Homo sapiens*, mas deve ser desenvolvida e exercitada sempre.

O código da intuição criativa produz novos conhecimentos, estimula o olhar multifocal para qualquer situação, oferece base para o pensamento lógico, o desenvolvimento do raciocínio e a aprendizagem esquemática. É o código que nos faz ousar, inovar, empreender, aprender, buscar mais, enxergar soluções diferentes para as mesmas situações.

É este o código que inter-relaciona o conhecimento, que ajuda na assimilação de conteúdos de maneira didática, que nos faz descobrir qual a nossa melhor metodologia. Por isso, ele deve ser ricamente estimulado e exercitado.

Numa maratona de estudos, a criatividade é fundamental. Estudar diversas matérias de longos textos pode ser cansativo, mas, com a intuição criativa estimulada, você encontrará maneiras eficientes, inovadoras e, por que não, divertidas de aprender e assimilar os mais complexos conteúdos.

A criatividade pode entrar em ação em qualquer momento do teatro social, mas os mais propícios são os momentos de caos. São situações desafiadoras que possibilitarão um pensamento diferente. Entenda esses momentos como oportunidades criativas e você obterá sucesso.

Quem decifra o código da intuição criativa aprende a criar oportunidades, a não pensar sempre da mesma maneira e a sair das mais complexas situações de maneira correta e criativa. O indivíduo terá subsídio para produzir soluções não vistas.

Para decifrar este código é preciso desconstruir o pensamento comum, estar insatisfeito com as técnicas básicas, achar insuficientes as soluções rotineiras. Ou seja, é preciso superar sua zona de conforto.

As pessoas que desenvolvem o código da intuição criativa são versáteis, perspicazes, flexíveis, inventivas e aprendem a dar respostas inteligentes em situações estressantes, enxergando seus problemas por múltiplos ângulos.

Para decifrar este código, não podemos ter medo de pensar diferente, devemos enxergar o caos como oportunidade criativa e evitar dar respostas fechadas e prontas, praticando o pensamento multiangular, criando, construindo e imaginando.

Código do EU como Gestor da Emoção

Este é o código que nos posiciona como administradores dos nossos próprios sentimentos, insegurança, temores, medos, angústias, humor triste, ciúmes, agonia e aflições. É o código que estimula o controle e equilíbrio das emoções, preparando o cenário para cultivarmos a tranquilidade, o prazer, os bons sentimentos que nos levam à plenitude. É importante entender as causas geradoras das emoções e exercer a administração psicodinâmica delas.

Administrar as emoções é tão importante quanto adquirir conteúdo num ciclo de estudos. Durante sua preparação você vai ter medo, inseguranças, muitas incertezas e dúvida sobre sua capacidade de ultrapassar esses obstáculos. É o momento de exercitar a mesa-redonda do EU, confrontando suas dúvidas e praticando a autocrítica. É surpreendente o poder da arte da dúvida e da crítica, mas, infelizmente, essas técnicas raramente são utilizadas pelos jovens e adultos.

É necessário um alinhamento de expectativas tanto internas quanto das influências externas. Quem não administra suas emoções não vive a plenitude do EU, mas, sim, o que as pessoas esperam. Aceite ajuda, seja grato a quem colabora com você, ajude o próximo, mas decifre os códigos da inteligência e esteja seguro de suas atitudes e do caminho que está percorrendo para o seu sucesso.

A inteligência emocional deve ser praticada e sempre reforçada. É uma dádiva importante para a segurança em si mesma e para o relacionamento interpessoal. Isso vale tanto para a vida profissional quanto para a vida pessoal e os estudos.

O território emocional é muito valioso e deve ser administrado e conservado em sua forma saudável. Esse terreno não pode ser contaminado pelo lixo social, que cria expectativas alheias e influencia negativamente o desempenho. Precisamos nos treinar para proteger esse delicadíssimo espaço.

Administrar as emoções durante a preparação é tão importante quanto assimilar conteúdos. Pense naquelas pessoas que tinham o conteúdo na ponta da língua e não lograram êxito na prova. Provavelmente elas não tinham esse código decifrado.

O momento da prova, por si só, é um momento de forte estresse. Gerir suas emoções é fundamental para pensar com clareza, inter-relacionar temas estudados, ter discernimento para encontrar soluções criativas e rápidas para as questões que se apresentam, ter lucidez para saber argumentar diante de um problema.

As emoções influenciam no resgate da memória. Não se esqueça de que não controlamos esse campo de resgate. O que podemos controlar é como essas memórias são acessadas. Decifrando esse código, abriremos diversas janelas light e teremos mais tranquilidade tanto na realização de uma prova quanto durante a preparação para ela.

Além de uma preparação eficiente, bons materiais, preparação física com boas noites de sono e alimentação saudável, é necessário que o candidato tenha tranquilidade, calma e serenidade para obter sucesso com a aprovação.

Pessoas que desenvolvem qualidades positivas no relacionamento, como compreensão e gentileza, têm, certamente, mais chances de sucesso. Então é importante conviver com pessoas, compartilhar suas experiências e informações, ser altruísta e carismático, mas não crie muitas expectativas quanto ao retorno delas.

Uma importante ferramenta aqui é a automotivação. Não é a única coisa que você vai precisar para o sucesso, mas é um fator fundamental! Descubra o que te motiva a manter o foco. Pense no resultado, vislumbre o futuro. Aonde este caminho te levará? O que você irá desfrutar ao final deste longo percurso? O que te faz continuar?

Lembre-se dos objetivos alinhados anteriormente e descreva o que te faz continuar nesta caminhada. **O que te motiva?**

_____
_____
_____
_____

Nunca se esqueça destes tópicos. Revisite-os sempre que necessário!

Durante esse percurso surgirão obstáculos: falta de tempo, desânimo, medo, insegurança. Você terá que lembrar os motivos que te fizeram começar. Então descreva o que te fez começar. **Qual situação deseja modificar?**

_____
_____
_____
_____

Converse com outras pessoas que estão no mesmo caminho que você. Esta é outra grande contribuição dos grupos de estudo. Pratique o debate. Nem só de conteúdo se alimenta sua preparação. Troque experiências.

Converse também com quem já alcançou o objetivo. Você verá que os obstáculos são comuns e talvez descubra outras maneiras de ultrapassá-los. Decifre os códigos da inteligência.

Quem decifra este código da inteligência torna-se seguro de si, autoconfiante e autodeterminado; desenvolve autoestima sólida e estabilidade emocional; constrói um romantismo com a existência; desenvolve altruísmo e carisma, tornando-se uma pessoa envolvente, agradável, influenciadora; deixa de ser escravo do medo, angústia, tédio, do que os outros falam de si, vive a vida com mais aventura e deleite.

Código do Prazer de Viver

O prazer de viver é o ápice da experiência existencial do indivíduo. É o fundamento do sentido da vida, o motor da motivação, do bom humor, o pilar central para a construção do EU. Aqueles que desenvolvem e cultivam o código do prazer de viver entendem-se como eternos aprendizes, abrindo o leque da sua inteligência; constroem oportunidades e motivam-se constantemente.

É importante encontrarmos prazer em todos os momentos da vida. Um projeto, o trabalho, a família, as relações, todos esses setores serão mais bem-desenvolvidos se decifrarmos o código do prazer de viver.

A motivação, a satisfação, a alegria e o bom humor devem ser exercitados todos os dias. Se passamos por longos e constantes momentos de estresse, os momentos de prazer vão diminuindo gradativamente, nos afastando cada vez mais do prazer de viver. Isso é muito perigoso, se considerarmos que o prazer de viver é importante para garantir nosso equilíbrio, nossa disposição para seguir a caminhada diária.

Todo indivíduo pode treinar seu EU para o prazer de viver, relaxando, sendo mais livre, não se cobrando tanto, não sendo autopunitivo, sendo mais generoso com os outros e consigo mesmo. Essas ações construirão plataformas de janelas light que serão a base para um desenvolvimento saudável desse código. O importante é sabermos que no universo psíquico tudo pode se transformar, assim, uma pessoa depressiva e dura poderá treinar seu EU e decifrar o código do prazer de viver e, ao mesmo tempo, uma pessoa motivada e feliz terá que exercitar a alegria, a generosidade e a serenidade todos os dias para manter o prazer de viver ativo.

Procure encontrar prazer em tudo o que faz! Comemore cada conquista, cada ciclo vencido. Nos estudos, teste-se com frequência e acompanhe seu desenvolvimento. Esta é uma maneira de nos valorizarmos e percebermos que todo o esforço está sendo útil. Essa ação te manterá motivado e pronto para seguir em frente, rumo ao sucesso!

Estudar em um ambiente preparado para você pode te ajudar a ter prazer ao realizar suas atividades.

Se para você o estudo tem sido caótico, um sofrimento com planejamentos impossíveis de se cumprir, será necessário parar e identificar o que está te incomodando. Um ambiente desorganizado, falta de materiais adequados, ansiedade, escolha errada da carreira. Diversos fatores podem influenciar sua disposição para os estudos.

Para momentos de estudo saudáveis, prazerosos e proveitosos, selecione tudo o que precisa, procure um local que te faz bem. Sente-se confortavelmente e lembre-se dos motivos que te levaram a escolher estudar. Os resultados serão incríveis. Você vai seguir seu sonho.

Para que o código do prazer de viver se sustente, é necessário, ainda, o desenvolvimento de outros códigos da inteligência. É fundamental treinar o EU como gestor dos pensamentos, como protetor da emoção, para ser resiliente diante das perdas e frustrações a fim de evitar a síndrome do pensamento acelerado – SPA. Novamente: no universo psíquico nada é imutável. É plenamente possível treinar o EU para enxergar o prazer de viver.

Lembra-se daquelas palavras que memorizou no início do capítulo?

Escreva-as abaixo:

1.	6.
2.	7.
3.	8.
4.	9.
5.	10.

Você leu palavras em sequência e agora teve que completar uma lista. Na prova será mais ou menos da mesma maneira: você estuda um conteúdo organizado, que obedece a uma ordem lógica e a uma sequência no programa de estudos, e na hora da prova esse conteúdo é cobrado com outros formatos e ordens.

Como podemos transpor esse obstáculo?

A memorização não deve ser apenas visual. É importante que aquele conteúdo tenha um significado para você.

Observe a lista que completou. Teve mais facilidade em memorizar as palavras que fazem parte do seu dia a dia? Geralmente, os temas que estão em nosso cotidiano são mais facilmente assimilados e memorizados. Então o segredo é: faça o conteúdo fazer sentido! Por mais abstrato que seja, sempre existe uma maneira de contextualizar os temas com exemplos ou aplicando-os ao seu dia a dia. Certamente isso facilitará sua preparação!

Só é eficiente quem aprende a ser líder de si mesmo, ainda que intuitivamente: tropeçando, traumatizando-se, levantando-se, interiorizando-se, reciclando-se.

COMO UTILIZAR AS EMOÇÕES A SEU FAVOR

Se você tem o objetivo de vencer uma prova, já deve estar acostumado com a ideia de treino. Quando toma conhecimento do programa de conteúdo que será cobrado na prova, automaticamente já deve pensar em como estudar tudo o que será exigido, quais as disciplinas que já conhece, com quais delas tem mais familiaridade e quais te darão mais trabalho para dominar.

Esse treino parece óbvio, não? Se vai fazer uma prova, conhecer o conteúdo que será cobrado nela é pré-requisito. No entanto, há um treino ainda mais óbvio e essencial, que te favorecerá não só na hora da prova, mas também na preparação, na organização, na relação com as pessoas envolvidas, familiares e colegas: o treino da emoção.

Gestão da emoção é a base para qualquer treino. Sem ela, nenhum treinamento tem alicerce firme suficiente para te dar segurança de transpor qualquer obstáculo.

Sem o gerenciamento das emoções, a capacidade de resolver conflitos, seja no âmbito profissional, familiar ou na organização dos seus estudos, fica prejudicada.

> *A gestão das emoções depende sempre da gestão dos pensamentos.*

Mas como atingir o nível de excelência da gestão da emoção, para que qualquer atividade mental se beneficie desse exercício?

Ao longo desta obra, estudamos de maneira breve o funcionamento da mente e suas armadilhas que podem ser prejudiciais ao bom andamento das nossas atividades mentais, influenciando de maneira negativa nosso raciocínio, tomada de decisões e bom desempenho em debates e resolução de conflitos.

Entender esse funcionamento da mente e descobrir onde se deve atuar para seu bom desempenho é o início do processo de gestão da emoção. Não camuflar más sensações e tentar passar por cima – sem sucesso – de memórias negativas é o primeiro passo para o bom desenvolvimento desse processo.

Treinar a gestão da emoção requer um estudo sobre a última fronteira da ciência, que são os fenômenos de construção de pensamento, que capacitarão o EU como autor pleno de sua própria história.

Ao longo deste capítulo, vamos estudar algumas técnicas de gestão da emoção – TGEs, que são essenciais para a saúde psíquica de todos os indivíduos e para o bom rendimento profissional e educacional de todos os que as aplicam.

Compreender essas técnicas de gestão da emoção, por meio de um treinamento efetivo, levará você a conquistar finalmente uma mente livre e emocionalmente saudável, construindo relações inteligentes e melhorando ainda mais seu desempenho profissional e escolar, além de aprimorar de forma eficiente suas habilidades pessoais.

Nenhum tipo de treinamento será verdadeiramente eficaz sem a gestão da emoção. Isso porque, sem ela, você será capaz de assimilar diversos conteúdos, saber todo o programa de estudos, mas não terá equilíbrio suficiente para a aplicação desse conhecimento de forma organizada. É esse o problema que vários estudantes aplicadíssimos encontram na hora da realização de uma prova e que os leva, injustamente, à reprovação.

O objetivo aqui é fazer com que você alcance o sucesso nas provas, então essa etapa de gestão da emoção deve ser superada da melhor forma possível. Assim, você poderá se preocupar apenas com os diversos programas de conteúdo que terá para estudar.

A gestão da emoção depende diretamente da gestão do pensamento. Estes são os dois fenômenos controlados pelo EU – pensamentos e emoções – e, juntos, completarão o gerenciamento da mente.

As Técnicas de Gestão da Emoção – TGEs se caracterizam por uma ginástica cerebral que tem por finalidade abrir a mente para a compreensão dos fenômenos de construção dos pensamentos e capacitação do EU como gestor de sua própria história.

A IMPORTÂNCIA DO TREINAMENTO

A gestão da emoção é o fundamento básico de qualquer treinamento psíquico, seja ele educacional, profissional ou interpessoal. Como costumo dizer, ela pode ser utilizada, inclusive, para a formação de atletas.

Mas como comparar a preparação de um atleta à preparação de profissionais e estudantes?

Já viu depoimentos de atletas profissionais que relatam as horas de treino a que se dedicam? Esses treinos não são somente para seu esporte específico, mas para a construção de uma base física sólida para o melhor desempenho em sua atividade. Um jogador de futebol, por exemplo, deve desenvolver habilidades de corrida, fortalecimento muscular, condicionamento físico, capacidade cardiorrespiratória, que darão o suporte necessário na hora do jogo, permitindo que ele treine com tranquilidade as funções específicas, como reflexo, defesa, ataque, marcação, entre outras habilidades.

Se esse jogador, por mais que tenha praticado à exaustão, por mais que tenha um condicionamento físico impecável e incrível capacidade técnica com horas de treino e desempenho diferenciado, entrar em campo derrotado, com postura baixa e sem autoconfiança, certamente seu desempenho será afetado! As chances de estar escrevendo a história da sua derrota são enormes.

Essa influência pode vir por algum problema que o jogador esteja passando, ou um mal-estar emocional, a memória de uma derrota anterior, a crença da "má-sorte" naquela situação ou qualquer outra razão emocional. Esses fatores existem e vão nos acompanhar por toda a vida. Isso não podemos mudar. O que realmente podemos e devemos fazer é lidar com eles de forma inteligente, isolando-os em nossa mente. Eles não devem escrever nossa história.

> *O jogo se ganha primeiro na mente.*

Assim como no jogo, o mesmo ocorre na vida profissional. Não é raro ver executivos de sucesso fracassando em negociações relativamente fáceis por não fortalecerem seu EU, gerindo suas emoções de forma inteligente.

O mesmo cenário é visto, ainda com mais frequência, em situações que envolvem estudantes preparados e importantes provas.

Entrar numa prova pensando que não será aprovado, resgatar reprovações anteriores antes mesmo de começar a responder às questões são armadilhas perigosíssimas que nossa mente nos fará superar. Se você quiser fazer com que todo o esforço dos estudos, as horas de abdicação do lazer, de passeios em família, de reunião de amigos, a dedicação dispensada tenham valido a pena, agora é hora de começar a treinar a gestão das suas emoções. Garanta seu bom desempenho fortalecendo seu EU.

Um aluno introspectivo, ansioso, impulsivo, pessimista pode prejudicar seu desempenho nas provas muito mais do que pode imaginar. As emoções agem na abertura e no fechamento das janelas da memória e impedem que o EU acesse dados importantes numa situação de estresse, comprometendo gravemente o raciocínio. Esse estudante pode não ser capaz de acessar todas as informações necessárias no período de tempo de que dispõe para a realização da prova, o que o levará a um rendimento baixo.

Essa situação pode levar a uma reação em cadeia. O que é ainda mais grave. Vejamos: o aluno, por falta de gestão das emoções, é incapaz de lembrar de todas as informações necessárias na hora da prova. Isso fará com que ele tenha um baixo desempenho, muito aquém de suas expectativas construídas com base em sua longa preparação. A frustração da reprovação constituirá uma má experiência que será armazenada em sua memória e resgatada na prova seguinte. Isso quer dizer que a má gestão das emoções alimenta as armadilhas da mente, tornando o indivíduo mero expectador de sua própria história sobre a qual não terá controle algum.

No entanto, é plenamente possível reeditar as janelas da memória ou ainda construir núcleos de habitação do EU, que são plataformas de janelas saudáveis. Essas janelas, quando abertas na hora da prova, trarão sensação de vitória, segurança e sucesso, fortalecendo a *psique* do estudante, que terá, desta vez, um desempenho condizente com sua preparação.

A gestão da emoção estimulará a construção de janelas light no córtex cerebral, possibilitando que o indivíduo desempenhe de forma eficiente e autônoma seus papéis no teatro social, profissional e educacional. Ele será líder de si mesmo, agindo de maneira equilibrada para ultrapassar todos os desafios a que for exposto.

É impossível deletar um trauma, mas o EU pode reeditar as janelas traumáticas da memória e construir plataformas de janelas saudáveis. O resultado disso é a transformação de características doentias da personalidade. É o aprimoramento do indivíduo.

A gestão da emoção baseia-se no funcionamento da mente e nos papéis inconscientes e conscientes da memória. Por esse motivo, não podemos falar em apagar registros da memória, mas, sim, reeditá-los. O melhor cenário é que a memória mantenha-se protegida contra impulsos do EU, para que este utilize as ferramentas de reedição das janelas killer e construção de plataformas light. Explorar e dominar a emoção a partir dos recursos do EU, de forma inteligente, é nosso maior desafio.

TÉCNICAS DE GESTÃO DA EMOÇÃO

As técnicas de gestão da emoção são complexas e agem umas ligadas às outras, formando as Megatécnicas de Gestão da Emoção – MegaTGE. Estas são um conjunto de técnicas de gestão que devem ser aplicadas para que se atinja a eficácia plena. São técnicas complexas e extensas, mas que trarão muitos benefícios aos que se interessarem por aplicá-las.

São elas:

MegaTGE – Reeditar e reconstruir a memória	TGE 1. Reeditar janelas traumáticas ou reconstruir janelas saudáveis TGE 2. Não deletar as pessoas que causaram frustrações
MegaTGE – Desarmar as armadilhas mentais para construir relações sociais saudáveis	TGE 1. Pensar antes de reagir TGE 2. Não reagir pelo fenômeno da ação-reação TGE 3. Exaltar a pessoa que erra, antes de exaltar o erro dela
MegaTGE – Construir a felicidade inteligente e a saúde emocional	TGE 1. Ser fiel à sua consciência TGE 2. Contemplar o belo TGE 3. Encantar-se com a existência TGE 4. Ser altruísta TGE 5. Pensar como humanidade TGE 6. Doar-se gratuitamente TGE 7. Ter estabilidade emocional
MegaTGE – Saúde emocional – Mapeamento dos fantasmas mentais e superação de conflitos	TGE 1. Renunciar a ser perfeito TGE 2. Ter autoconsciência TGE 3. Automapeamento TGE 4. Estabelecer metas claras TGE 5. Ter foco e disciplina TGE 6. Entender que toda escolha implica perda

MegaTGE – Crescendo com a crise	TGE 1. Treine as habilidades em tempo de paz
	TGE 2. Treine pensar em outras possibilidades
MegaTGE – Proteger a emoção	TGE 1. Filtrar estímulos estressantes para cuidar dos ataques da memória
	TGE 2. Filtrar estímulos estressantes do presente
	TGE 3. Aumentar os níveis de tolerância a frustrações
	TGE 4. Filtrar estímulos estressantes – perdão e autoperdão
MegaTGE – Gerir os comportamentos que promovem o índice GEEI	

REEDITAR E RECONSTRUIR A MEMÓRIA

Mesa-redonda do eu

Como já estudamos, é impossível apagar medos, mágoas, pessimismo, depressão. A tentativa de deletar esses sentimentos pode ter efeito inverso: à medida que os negamos, eles ficam cada vez mais sedimentados pelo fenômeno RAM (registro automático da memória). É uma tentativa perigosa que pode trazer mais prejuízos do que benefícios. O que o EU deve fazer é inserir boas experiências nos focos de tensão, reeditando, assim, as janelas killer.

> *É possível mudar a história escrevendo outra história, e não apagando a anterior.*

A reciclagem das janelas killer no exato momento em que elas são abertas é um comportamento de uma mente inteligente que está caminhando para gerir plenamente suas emoções. Esse indivíduo, além de reeditar a memória, será capaz de construir janelas light ao redor do núcleo traumático, fortalecendo cada vez mais seu EU.

É necessário utilizar uma ferramenta poderosíssima: a mesa-redonda do EU. Essa ferramenta consiste no debate do EU com seus fantasmas internos. Nesse momento, ele os indaga, questionando suas razões e sua estrutura, enquanto as janelas killer não estão abertas.

Tanto o fenômeno da mesa-redonda do EU quanto o ato de reeditar as janelas killer farão com que você se torne líder de si mesmo, autor de sua própria história.

Conhecer seus medos e suas fraquezas é fundamental para ter a oportunidade de trabalhá-las de forma saudável. Você saberá onde deve melhorar, que situações deve enfrentar e quais problemas poderá evitar. É a ação da mente inteligente, otimizando seus esforços para se concentrar no sucesso.

Essa técnica cria oportunidade de expansão do potencial intelectual, a partir da interiorização. Olhar para dentro de nós mesmos e nos questionarmos é uma ginástica para o cérebro.

É a mesa-redonda do EU que cria janelas paralelas, com muita persistência. Trata-se de um autodiálogo aberto, inteligente e criativo, com o único objetivo de reciclar o lixo psíquico.

Socialização

A segunda TGE deste grupo de Megatécnicas de Gestão da Emoção trata da necessidade de aprendermos a lidar com as pessoas, sobretudo as que nos frustram.

Viver em sociedade exige gestão da emoção, já que não podemos excluir da nossa história quem nos magoou, quem nos prejudicou, por exemplo. O que podemos é lidar com esse fato reeditando nossa memória.

É comum esperarmos uma atitude específica das pessoas com quem convivemos, porque temos o hábito de projetar o ideal de cada um em nossa mente e, em seguida, tentar mudar quem nos cerca, conforme nossas expectativas. Pensar que isso é possível é um gravíssimo engano.

Não podemos mudar ninguém. E quem disse que eles querem ser mudados? Lembre-se de que, da mesma maneira que você projeta condutas ideais para as pessoas que te cercam, elas também o fazem em relação a você. E você pretende mudar seu comportamento pela projeção da expectativa dos outros? Acredito que não.

Então, a maneira mais inteligente de evitar qualquer tipo de frustração é lidar com as pessoas difíceis sem a expectativa de mudança. Não precisamos nos manter ansiosos para mudá-las, ainda que acreditemos que seja para o bem delas. Os pensamentos e as condutas são de responsabilidade de cada um. Não queira se responsabilizar pelo que não precisa. Você já tem muito com o que se preocupar.

Embora conviver com pessoas tenha seus dissabores, a socialização é um dos maiores prazeres da vida. É importantíssimo conviver com quem te estimula, com quem te faz crescer. Conviver com pessoas que você pode trocar experiências e conhecimentos é enriquecedor. No trabalho ou nos estudos, você poderá ser mais produtivo se estiver cercado de pessoas que agregam valor ao seu trabalho.

Falando sobre sua preparação, voltamos aos grupos de estudo. Reforço que pode ser uma alternativa interessante, principalmente para aqueles conteúdos mais complexos. Trocar experiências, materiais, conviver com pessoas que estão no mesmo momento de vida que você certamente vai contribuir para o desenvolvimento da sua gestão emocional.

Muitas vezes não conseguimos perceber onde estamos errando, se estamos muito ansiosos, se estamos estudando de forma confusa, se estamos priorizando coisas erradas, mas essa percepção vem de maneira clara quando paramos para observar outras pessoas. Então aproveite o convívio com outros estudantes e faça uma autoanálise. Em que você pode melhorar para aproveitar seu tempo e sua dedicação ainda mais?

DESARMANDO AS ARMADILHAS DA MENTE

Pensar antes de agir

Parece óbvio dizer que é fundamental pensar antes de agir, mas quantas pessoas vemos agindo por instinto? Em todos os cenários sociais, a todo momento nos deparamos com reações desproporcionais causadas por instintos impulsivos. Não raro esse comportamento gera grande frustração nos interlocutores e arrependimento no agente, afinal, é inteligente aquele que pensa, reflete e só então age.

A habilidade de pensar em nossas ações antes de praticá-las deve ser exercitada diariamente. Não há necessidade de respostas rápidas e imediatas. O importante é que a resposta seja pensada, coerente, inteligente e transpareça o seu EU.

Ninguém é obrigado a responder rapidamente. Exercite o direito de pensar antes de agir.

Lembre-se sempre de que a resposta instintiva não requer nenhuma habilidade especial, inteligência ou treino. Trata-se de uma reação animal e inconsequente, que pode trazer problemas sociais futuros.

Inteligente é quem pensa na resposta adequada, medindo suas consequências e a pertinência das palavras e ações.

Pode parecer que estamos nos referindo ao outro, que pensando antes de agir estamos privilegiando terceiros. Mas não. Acredite: estamos trabalhando a gestão da emoção para que tenhamos mais equilíbrio e menos preocupações e problemas consequentes de nossos atos impensados.

Essa técnica de gestão da emoção propiciará a construção de uma grande plataforma de janelas light saudáveis, promovendo a inteligência socioemocional.

Ação-reação

O fenômeno da ação-reação sem reflexão ou pensamento é viciante para o circuito da memória.

Assim como tudo em nossa existência, o mais fácil e automático não é o mais saudável e correto. Reagir de forma instantânea, respondendo rapidamente a uma ação, é um mecanismo que leva o fenômeno RAM a depositar lixos na memória, arquivando janelas killer – não saudáveis – para a formação de núcleos traumáticos que, posteriormente, poderão sequestrar o EU.

Nesse caso, a gestão da emoção é fundamental para impedir essa reação automática que é instintiva e pobre de emoções. Sem a gestão emocional, muitas características saudáveis da personalidade ficam escondidas sob esses vícios.

A personalidade é dinâmica e se remodela conforme os arquivos que armazenamos ao longo da vida. A quantidade de plataformas light ou killer determinará o rumo da nossa personalidade, pois são constantemente acessadas para fundamentar o processo de interpretação de cada estímulo, dando origem às nossas ações, pensamentos e emoções.

A discussão só vale a pena se for produtiva, e um diálogo produtivo exige reflexão.

Não exaltar erros

É muito comum, sobretudo num ambiente de aprendizagem, ouvir professores reclamando por um aluno não dar a resposta correta.

Nas séries iniciais, os professores têm ainda mais responsabilidade quando praticam esse tipo de ação, pois estão na base da formação do intelecto humano. Qualquer comentário negativo poderá construir uma plataforma de janelas killer que bloqueará uma série de bons estímulos que o aluno possa vir a ter ao longo de sua vida educacional.

Atualmente, essa preocupação é crescente também nos cursos preparatórios. Isso porque ali se lida com o futuro do aluno. A expectativa dele nas aulas e nos resultados é enorme e, muitas vezes, a única saída para uma situação adversa. Por isso, exaltá-lo antes de exaltar suas incorreções é fundamental para mantê-lo motivado a seguir a sua longa jornada.

Ao apontar um erro, podemos disparar um gatilho da memória que abrirá uma janela killer. A partir desse momento, a pessoa pode se transformar, não mais racionalizando os comentários – por mais positivos que eles sejam. A partir daí ela poderá responder com reações impulsivas e a discussão não será mais produtiva, pois não haverá a mínima reflexão.

Quando você chamar a atenção de uma pessoa, o faça para o bem. Procure melhorar seus pontos fracos e exaltar seus pontos fortes. Trabalhe para o crescimento do outro. Quando se está cercado por pessoas de potencial, é porque, igualmente, se tem potencial.

Incentivar e exaltar uma pessoa pode liberar o EU do Circuito Fechado da Memória. Isso oxigenará o raciocínio e, a partir daí, haverá um diálogo produtivo, com respostas pensadas, e que será construtivo para as duas partes.

As técnicas da gestão da emoção são capazes de nutrir o apoio ao próximo, a capacidade de valorização do ser humano e não seu erro, o resgate da autoestima, o reconhecimento saudável dos erros, a habilidade de pedir desculpas e de ser condescendente.

FELICIDADE INTELIGENTE E SAÚDE EMOCIONAL

Essa Megatécnica de Gestão da Emoção depende de sete habilidades que devem ser praticadas diariamente para que sejam solidificadas nos hábitos dos indivíduos. São elas:

1. Ser fiel à consciência
2. Contemplar o belo
3. Encantar-se com a existência
4. Ser altruísta
5. Pensar como humanidade
6. Doar-se sem esperar contrapartida
7. Adquirir estabilidade emocional

Estudaremos brevemente cada uma das habilidades descritas.

Ser fiel à consciência

Ser fiel a consciência relaciona-se com a ética. É ser transparente, responsável. É fazer seu papel na sociedade de forma exemplar, cumprindo suas obrigações e não abusando de seus poderes.

Quem é fiel à sua consciência, além de se preocupar em prestar contas à empresa, à escola, à família, preocupa-se em prestar contas a si mesmo, pois tem valores e os leva a sério.

Quem é fiel à sua consciência, dificilmente se corrompe, pois seria muito difícil conviver com esse peso dentro de si.

Essa é a característica das pessoas transparentes. É ter coragem de falar de si mesmo, de seus erros, fraquezas, de suas crises, perdas e falhas.

Contemplar o belo

Este fator deveria ser desenvolvido desde a infância.

Temos muitos elementos belos ao longo do nosso caminho, mas frequentemente nos atentamos somente aos estressantes. E o que ganhamos com isso? Cada vez mais plataformas de janelas killer formadas ao redor da nossa mente, nos tornando pessoas duras, sérias e tristes.

Contemplar o belo é ver a beleza que está a nossa frente. É refinar o olhar, observar intensamente, ler as entrelinhas das imagens, capturar o que está dentro de si e observar o que está ao nosso redor.

Contemplar o belo é uma das melhores maneiras de formar plataformas de janelas light.

Encantar-se com a existência

Encantar-se com a existência é a evolução natural de quem contempla o belo.

Quem se encanta com a vida, valoriza cada atividade. Trabalho, família, estudos. Tudo tem um propósito e enriquece o EU.

Quem domina a arte de encantar-se com a existência, ri dos problemas, debocha dos desafios e, por consequência, lida com eles de maneira mais leve. Essas pessoas fazem da vida uma aventura e aproveitam cada momento, que pode ser o último.

Para encantar-se com a existência, deve-se dominar a difícil arte de ser profissionalmente responsável e emocionalmente relaxado.

Ser altruísta

Pode parecer que esta habilidade se refere ao outro, mas, ao contrário, ela trará muito mais benefícios a você.

Ser altruísta é se doar de forma inteligente. É colocar-se no lugar dos outros e entender suas histórias e necessidades.

Fazer outra pessoa feliz gera uma explosão motivacional que prepara o terreno da *psique* para receber milhares de janelas light.

Pensar como humanidade

Trata-se da evolução das habilidades já estudadas. É a mais nobre função não cognitiva do EU, a mais bela característica do ser humano em suas potencialidades.

Pensar como humanidade resgata a sensibilidade do indivíduo, pois ele se colocará no lugar do outro, preocupando-se com os direitos humanos, necessidades dos povos, violências cada vez mais praticadas.

A partir dessa habilidade, deixamos de fazer somente nossa parte no mundo para pensar também no coletivo. Conscientizar o outro do não cabimento das guerras, da violência imposta de forma sutil a alguns grupos, fará com que o mundo seja mais pacífico.

> *A melhor forma de irrigar a felicidade inteligente e a saúde emocional é investir no bem-estar de nossa espécie e do meio ambiente.*

Doar-se sem esperar contrapartida

Quem domina a habilidade de pensar como humanidade, automaticamente sentirá a necessidade de se doar. Isso é evolução emocional. No entanto, erramos quando, ainda que inconscientemente, buscamos retorno pelo que fizemos.

A maior liberdade da *psique* é não estarmos presos a expectativas. A partir do momento em que formos capazes de fazer o bem a alguém sem esperar a contrapartida, estaremos protegidos.

Novamente uma habilidade que parece ter muito a ver com terceiros, mas, se analisarmos, tem a ver com nosso íntimo: a frustração da expectativa do retorno.

Se cultivarmos esse sentimento de espera de retorno, nos frustraremos e viveremos às margens da vida sentimentalmente saudável, pois construiremos diversas janelas killer em torno do belo sentimento de doação. E isso não parece nada saudável, não é mesmo?

Adquirir estabilidade emocional

Você deve estar pensando que agora traremos uma dica incrível sobre como manter seu emocional sempre estável. Infelizmente temos que dizer que não existe um só indivíduo completamente estável emocionalmente. Isso porque flutuações de humor, de preocupações, de sucessos e fracassos são plenamente normais na vida de qualquer pessoa. E isso é saudável. É essa variação que nos faz vivos e dinâmicos.

Buscar a estabilidade emocional completa é clara perda de tempo. Ela não existe.

O que se deve buscar é a estabilidade emocional básica. Você deve ser capaz de passar pelos altos e baixos da vida e levantar-se sempre. Mantenha-se no jogo.

Demissões, separações, reprovações certamente trarão tristeza e frustração. Estar inerte a isso seria, no mínimo, doentio. O importante é reconhecer esses momentos de crise e ultrapassá-los com vigor! Outros dias de sol virão em breve, e depois dias nublados, e depois mais dias de sol.

Essa é a mágica do teatro social.

Para garantir a estabilidade emocional básica, é preciso educar o EU para que ele não compre elementos aos quais não deu causa: intrigas, fofocas, brigas desnecessárias. Desvie dessas situações que te desestabilizarão. Não dê causa nem participe delas. Mantenha seu EU neutro, longe desses lixos psíquicos que podem prejudicar seu desenvolvimento.

SAÚDE EMOCIONAL

Renunciar a ser perfeito

A primeira regra aqui é aceitar os próprios defeitos!

Todos nós temos tendências perfeccionistas. Já reparou que, quando conversamos com outras pessoas, muitas não sabem se o perfeccionismo é uma qualidade ou um defeito?

A pessoa perfeccionista é fonte de estresse para si e para os que a cercam. Cobram demais, julgam demais, criticam e dificilmente elogiam. São pessoas com energia negativa e que vivem no esgotamento psíquico, na eterna busca pela perfeição.

Devemos renunciar à necessidade de ser perfeito. Não precisamos evitar todos os erros, mas não devemos nos punir quando eles acontecerem. Não precisamos ser perfeitos, mas sim agir com responsabilidade, cumprindo nosso papel social e relaxando nos momentos adequados.

A perfeição é fonte de estresse. Quem assume seus defeitos é fonte de tranquilidade. Escolha seu lado.

Autoconsciência

Depois de reconhecermos nossos defeitos, é importante exercitarmos a autoconsciência nos interiorizando. Esse exercício permitirá o autoconhecimento e a autoanálise. A partir dele, conheceremos nossos objetivos, limites e metas, teremos uma direção mais clara, questionaremos nossos objetivos, reforçando-os, significaremos todos os nossos esforços.

É preciso nos questionarmos constantemente para praticar o autoconhecimento. Devemos ter consciência sobre todos os nossos ângulos e fazer perguntas como:

- **Sobre nossa essência:** "Quem sou?"; "Estou cuidando da minha qualidade de vida ou traindo minha saúde emocional?"; "Sou estressado ou relaxado?"; "Sou autor de minha história ou inseguro, tímido e manipulável?" etc.
- **Sobre nossos conflitos:** "Que traumas me assombram e me controlam?"; "Que fobias me encarceram?"; "Quais preocupações falsas me dominam?"; "Sou otimista, pessimista ou um ser humano sem tempero emocional?" etc.
- **Sobre as relações sociais:** "Sou um especialista em dialogar ou em criticar?"; "Onde falho, me escondo ou me acovardo?";

"Quem preciso resgatar, conquistar e a quem devo pedir desculpas?" etc.
- **Sobre a eficiência:** "Sou uma máquina de trabalhar/estudar ou um ser humano que tem sentido existencial?"; "Sou aberto a críticas ou tenho necessidade neurótica de ser perfeito?"; "Quais são os meus mais importantes sonhos? O que faço para transformá-los em realidade?"; "Tenho foco e disciplina ou os enterro debaixo do tapete de meu excesso de atividades?" etc.

Será necessário desenvolver a consciência crítica sobre nós mesmos e, sempre que for possível, refazer as perguntas, procurando melhorar e evoluir emocionalmente, treinando a gestão da emoção.

Você pode começar agora esse exercício. Escolha uma pergunta de cada grupo e responda abaixo. Veja se está vivendo de acordo com seus planos e em direção aos seus objetivos.

Sobre sua essência
_____
_____
_____
_____
_____

Sobre seus conflitos
_____
_____
_____
_____
_____

Sobre suas relações sociais
_____
_____
_____
_____
_____

Sobre sua eficiência
_____
_____
_____
_____
_____

Automapeamento

O automapeamento é a consequência da autoconsciência. Responda às perguntas verdadeiramente e comece a mapear seus fantasmas. Faça uma lista e vença-os um a um. Esse será um dos seus segredos para o sucesso.

Alguns dos fantasmas mentais podem sabotar seu rendimento. Vamos listar alguns deles aqui:

- Conformismo
- Coitadismo
- Déficit de proteção emocional
- Timidez
- Sentimento de culpa
- Autopunição
- Dificuldade de se reinventar
- Insegurança

- Complexo de inferioridade
- Impulsividade
- Compulsão por reclamar
- Autoabandono
- Pessimismo
- Autocobrança
- Cobrança excessiva dos outros
- Sofrimento por antecipação
- Irritabilidade
- Mau humor
- Ruminação de perdas e frustrações
- Fragmentação da autoestima
- Impaciência
- Ansiedade
- Angústia
- Depressão
- Fobias
- Flutuação emocional exagerada

Estabelecer metas claras

Depois da autoconsciência e do automapeamento, você estará preparado para estabelecer suas metas. Mas é importante que se estabeleça metas claras e tangíveis. Lembre-se de que metas inatingíveis geram frustrações.

Estabeleça metas emocionais. Vença cada fantasma mental listado em seu automapeamento e alcance a plenitude da gestão da emoção. Certamente você sentirá a diferença em seu desenvolvimento e rendimento.

Foco e disciplina

Metas estabelecidas. Agora é necessário ter foco e disciplina para atingi-las.

O foco e a disciplina serão os instrumentos para a construção diária de janelas light, a partir do acionamento do fenômeno RAM. Com isso, você será capaz de solucionar seus conflitos limitantes, falsas crenças e traumas.

Entender que as escolhas implicam perdas

O foco e a disciplina te ajudarão a perseguir as metas determinadas para alcançar a gestão da emoção. No entanto, durante esse percurso, você terá de fazer escolhas. E, sem exceção, essas escolhas implicarão perdas.

Para alcançar o essencial, você terá que abrir mão do trivial. Para ser autor de sua própria história, você deverá ser capaz de fazer escolhas, entender o que é realmente prioridade e contribui para o seu crescimento e deixar de lado aquilo que não soma para o seu desenvolvimento.

Aos poucos, será uma decisão natural. Mas, no início, deve ser treinada constantemente. Tudo dependerá da firmeza dos seus objetivos – se você realmente quiser –, do seu foco e da sua disciplina para persegui-los.

CRESCENDO COM A CRISE

Se nos analisarmos, veremos que nossa mente é tendenciosa à acomodação, criando vícios de leitura na memória, levando-nos a pensar sempre da mesma maneira e a interpretar os fatos a partir dos mesmos critérios e reagir aos eventos do mesmo modo.

O maior objetivo desta Megatécnica de Gestão da emoção é solidificar um sistema de antecipação de fatos, prevenindo falhas e problemas a fim de estarmos preparados para eventuais mudanças de ventos que independem da nossa vontade.

Treine suas habilidades em tempos de paz

A gestão da emoção equilibrada nos leva a cultivar tempos de paz. Para isso, é fundamental se prevenir aos tempos de crise.

Pensar no problema somente quando ele surge é ineficaz. A partir do momento em que uma crise se instala, o pensamento fica limitado, preso a preocupações e é inevitável que surjam mais dificuldades e menos criatividade para resolver problemas.

Mesmo num momento saudável de prosperidade, é importante que nos resguardemos para possíveis momentos de dificuldade. E isso serve para todas as áreas: profissional, educacional, social, familiar.

É nos momentos de bonança que temos mais facilidade de criar, de pensar além do comum e nos preparar para dias áridos.

Devemos nos preparar para enfrentar dificuldades que ainda não surgiram. Quando elas surgirem, já teremos as respostas para os problemas.

Pense em outras possibilidades

É importante abrir a mente. Pensar fora do comum. Abandonar a zona de conforto. Oxigenar sempre a criatividade.

É fundamental romper paradigmas, conhecer nossos limites e testá-los. Pensar em outros planos.

Para desenvolver essa habilidade, é fundamental se conhecer e estar preparado para ser eficiente no dia a dia e mais eficiente ainda nos momentos de crise.

Questione sua pró-atividade. Aprimore sua produtividade. Atualize-se. Esteja preparado para novos rumos, para descobrir coisas novas e conhecer novos horizontes.

GERIR OS COMPORTAMENTOS QUE PROMOVEM O ÍNDICE GEEI

Sentiu falta da aplicação dessas técnicas em relação a você? Compartilhe essas informações com as pessoas mais importantes! Assim elas saberão treinar a gestão da emoção e aprimorarão o relacionamento interpessoal.

Essas técnicas são mais difíceis de serem aprendidas do que os conteúdos técnicos.

Drama e comédia, risos e lágrimas, reações lúcidas e atitudes estúpidas fazem parte do nosso currículo.

6 CONTROLANDO A ANSIEDADE

Muito se tem discutido sobre a incidência da depressão em jovens e adultos. Cada vez mais vemos pessoas acometidas por esse mal e, infelizmente, muitas outras ainda passarão por isso, por diversas razões.

Nos últimos tempos, as atenções se voltaram para a depressão. Formas de combatê-la, medicamentos, tratamentos alternativos têm sido discutidos largamente e muitos avanços já foram alcançados nessa área, é verdade!

Acontece que, muito mais grave que a depressão, existe um mal ao qual muitos não têm dado a devida atenção: a Síndrome do Pensamento Acelerado – SPA.

Tão grave quanto a depressão, a Síndrome do Pensamento Acelerado atinge, provavelmente, 80% das pessoas de todas as idades, de todas as classes sociais e independente de estímulos intelectuais.

Por conta do dia a dia, do excesso de atividades, das expectativas que temos que cumprir e de todos os papéis que desempenhamos na sociedade, todos de uma só vez, estamos afetando nossa saúde emocional de maneira gravíssima, interferindo seriamente na construção dos pensamentos, no desenvolvimento da inteligência, da criatividade saudável. As atitudes de um adoecem todos os que estão à sua volta, pessoas com quem se relaciona na família, no trabalho, em todos os círculos sociais.

Será que você sofre da Síndrome do Pensamento Acelerado?

> Leia atentamente cada sentença e pense o quanto você se identifica com elas. Marque de 1 a 5, sendo que marcará 5 quando a sentença lhe descrever muito bem e 1 quando a sentença absolutamente não lhe descrever bem. Quando considerar que a sentença lhe descreve "mais ou menos", marque 3.

Quando tenho algo novo para fazer, fico muito ansioso, e isso me atrapalha.

☐ ☐ ☐ ☐ ☐
1   2   3   4   5

A rotina me deixa muito ansioso.

☐ ☐ ☐ ☐ ☐
1   2   3   4   5

Considero que a maioria das vezes que erro é porque estou ansioso.

☐ ☐ ☐ ☐ ☐
1   2   3   4   5

Considero que minha ansiedade atrapalha minha relação com as pessoas.

☐ ☐ ☐ ☐ ☐
1   2   3   4   5

Considero normal ter ansiedade, mesmo que atrapalhe minhas atividades.

☐ ☐ ☐ ☐ ☐
1   2   3   4   5

Considero que eu seria mais produtivo no trabalho se tivesse menos ansiedade.

☐ ☐ ☐ ☐ ☐
1   2   3   4   5

Pessoas próximas costumam dizer que sou bastante ansioso.

☐ ☐ ☐ ☐ ☐
1   2   3   4   5

Tenho ansiedade com mais frequência do que gostaria.

☐ ☐ ☐ ☐ ☐
1   2   3   4   5

Considero que a minha concentração fica melhor quando estou ansioso.

☐ ☐ ☐ ☐ ☐
1   2   3   4   5

Não consigo sentir prazer nas pequenas coisas da vida, por causa da minha ansiedade.

☐ ☐ ☐ ☐ ☐
1   2   3   4   5

Considero que eu seria mais feliz se fosse menos ansioso.

☐ ☐ ☐ ☐ ☐
1   2   3   4   5

Sintomas Emocionais e Psicossomáticos – Indique, em uma escala de 1 a 5, em que medida você sente:

Mente inquieta ou agitada
☐ ☐ ☐ ☐ ☐
1 2 3 4 5

Insatisfação com a vida em geral
☐ ☐ ☐ ☐ ☐
1 2 3 4 5

Cansaço físico exagerado
☐ ☐ ☐ ☐ ☐
1 2 3 4 5

Acordar cansado
☐ ☐ ☐ ☐ ☐
1 2 3 4 5

Sofrimento por antecipação
☐ ☐ ☐ ☐ ☐
1 2 3 4 5

Irritabilidade
☐ ☐ ☐ ☐ ☐
1 2 3 4 5

CONTROLANDO A ANSIEDADE 177

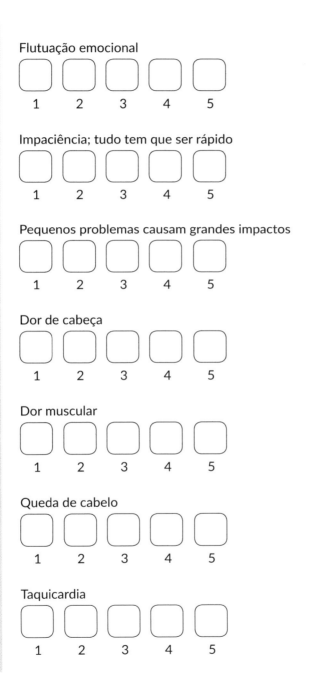

Flutuação emocional

1 2 3 4 5

Impaciência; tudo tem que ser rápido

1 2 3 4 5

Pequenos problemas causam grandes impactos

1 2 3 4 5

Dor de cabeça

1 2 3 4 5

Dor muscular

1 2 3 4 5

Queda de cabelo

1 2 3 4 5

Taquicardia

1 2 3 4 5

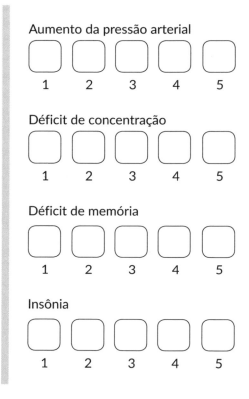

Aumento da pressão arterial
1 2 3 4 5

Déficit de concentração
1 2 3 4 5

Déficit de memória
1 2 3 4 5

Insônia
1 2 3 4 5

O número da sua pontuação é baseado nas respostas assinaladas:

Até 30 pts — Você tem gerenciado bem sua ansiedade, mas não pode descuidar.

de 31 a 47 pts — Sua ansiedade precisa ser gerenciada.

A partir de 48 pts — Sua ansiedade precisa ser muito gerenciada.

A SÍNDROME DO PENSAMENTO ACELERADO

Você sofre de SPA? Conhece seus sintomas?

Muitas pessoas têm sintomas da Síndrome do Pensamento Acelerado, mas não o reconhecem. Acabam se medicando por conta própria, prejudicando ainda mais sua saúde e se afastando da resolução dos problemas. Fique atento ao seu dia a dia. Os frequentes sintomas da SPA são:

- Dores de cabeça
- Dores musculares
- Sensação de cansaço ao acordar
- Irritação
- Intolerância a contrariedades
- Sofrimento por antecipação
- Déficit de atenção
- Déficit de memória
- Distúrbios do sono

Reconheceu algum dos sintomas listados? Se sim, você não está sozinho! Como dissemos, 80% das pessoas sofrem desse mal. Então, como aliviar esses sintomas?

Algumas maneiras de lidar com os sintomas da SPA são: aprender a filtrar os estímulos estressantes que recebemos a todo momento, protegendo nossas emoções, e, além disso, pensar antes de reagir para não sofrer as consequências dos maus atos e ser resiliente para afirmar o EU como gestor da *psique*. Parece simples, mas são atitudes complexas, que exigem maturidade e controle emocional.

Para combater a SPA, o EU deveria entrar em ação, limpando o território da memória enquanto se processa o registro da experiência angustiante. É isso: o EU deveria prevenir o arquivamento dos registros traumáticos. Essa seria a melhor maneira de equilibrar a mente e prevenir a SPA. Ocorre que, infelizmente, o EU faz o contrário. Devido à sua crise de gerenciamento, o cárcere psíquico é cada vez mais perceptível, traduzindo-se em doenças psicossomáticas, depressão, altos níveis de ansiedade, violência, síndrome do circuito fechado da memória e a própria síndrome do pensamento acelerado.

Uma das tarefas mais importantes do EU é justamente o mapeamento da memória com a finalidade de reeditar as janelas traumáticas.

Vamos entender melhor o que é a Síndrome do Pensamento Acelerado e como podemos lidar com ela da melhor maneira, para que não interfira de forma grave em nosso dia a dia.

A CONSTRUÇÃO DOS PENSAMENTOS

Vamos relembrar rapidamente como se dá a construção dos pensamentos. Esse entendimento é fundamental para esclarecer a Síndrome do Pensamento Acelerado.

As ideias, todas elas, surgem da convergência entre um estímulo qualquer e a leitura da memória. É um fenômeno que ocorre de forma imperceptível, em milésimos de segundos, mas, ainda assim, é muito complexo.

Esse processo de formação das ideias é inconsciente. O EU somente tem consciência do pensamento já formado. Toda essa ligação entre estímulo e os dados da memória é feita nos bastidores da mente, de forma perfeita, rápida e inconsciente.

A partir do entendimento sobre como surge uma ideia, aos poucos se clareia a compreensão da necessidade de cuidado com o armazenamento de dados. A memória é um produto complexo, fruto da junção da carga genética com o ambiente social, educacional e das relações do EU com a nossa mente.

Desde a infância armazenamos milhares de dados sobre os quais provavelmente não tivemos controle. Perdas, frustrações, contrariedades, rejeições, medos, dados que foram produzidos sem que pudéssemos controla-los e formaram janelas killer que podem, eventualmente, ser abertas em razão de algum estímulo.

Na vida adulta, fazemos escolhas, tomamos atitudes que julgamos adequadas, mas tudo isso é baseado nos dados que já possuímos, armazenados desde a mais tenra idade e, muitas vezes, não reeditados de forma adequada pelo EU.

Diante dessa imensa base de dados que construímos ao longo da vida, temos a possibilidade de acessar dados diversos em nossa memória. Esses dados foram produzidos por todas as nossas experiências, relacionamentos, carga genética, situações pelas quais passamos ao longo da vida, enfim, diversos dados armazenados em nossa memória que podem, como dissemos, ser acessados a qualquer momento.

Escolher quais desses dados serão acessados é uma possibilidade inerente ao EU. Temos a liberdade de escolher o que lembrar, quais experiências queremos preservar e trazer à tona. No entanto, além desse processo consciente de utilização dos arquivos da memória, há diversos fenômenos inconscientes que constroem pensamentos e emoções sem a autorização do EU. Esses fenômenos, em razão de quais dados resgatam, podem sabotar o EU, escravizando-o, encarcerando-o.

O fenômeno do autofluxo, por exemplo, é um fenômeno inconsciente fundamental para o nosso psiquismo, para a manutenção da criatividade e do prazer de viver. No entanto, se sua função não for saudável, pode ser que nos traga seriíssimos prejuízos. Ele é o grande responsável pela Síndrome do Pensamento Acelerado, como veremos mais adiante.

O registro de todos os dados arquivados em nossa memória é involuntário, automático, e se dá por um processo inconsciente chamado RAM (registro automático da memória), como já estudamos.

Dizer que o registro dos dados é automático significa mencionar que não só o que desejamos será arquivado, mas aquilo que não gostaríamos de lembrar, também. Infelizmente, os dados que gostaríamos de esquecer também são arquivados e formam as janelas traumáticas – janelas killer.

Na produção de pensamentos, à medida que os estímulos acionam o gatilho da memória e ele abre janelas killer, ainda que o EU não tenha consciência sobre isso, as ideias que serão formadas serão ideias negativas, tomadas por maus sentimentos anteriores, construídos com base em experiências passadas que – talvez – nem gostaríamos de ter arquivado. Daí a extrema importância em focarmos naquilo que é bom e nos faz bem e fazermos uma autoanálise para verificar quais são as nossas maiores janelas killer. Só assim teremos a possibilidade de reeditá-las, reescrevê-las, para que, quando elas forem acessadas, ainda que inconscientemente, não nos tragam nenhum tipo de prejuízo.

No mundo de hoje, competitivo, impessoal e rígido, as pessoas costumam cobrar demais de si mesmas. Seja para se tornar um funcionário de destaque, uma excelente mãe, um excelente pai, seja para ter sucesso nos estudos, conquistar um novo emprego ou o tão sonhado cargo público, as pessoas se doam ao máximo àquele objetivo, cobram seus resultados rapidamente, esperam obter suas conquistas a curto prazo, estabelecem para si metas impossíveis. Essas pessoas podem ser excelentes para os outros, afinal, estão sempre desenvolvendo as mais diferentes atividades, atendendo a todos, alcançando bons rendimentos, correspondendo às expectativas, mas a verdade é que elas são um algoz de si mesmas.

Pessoas que se cobram demais não percebem o mal que fazem a si mesmas. Não dão valor a momentos de lazer, não valorizam seu trabalho, não valorizam o outro. Não compreendem que momentos de higiene mental, sem atividades, são tão importantes quanto os longos momentos de estudo. Têm dificuldade em perceber que um estudo de qualidade só se faz com uma mente tranquila, equilibrada.

Pessoas que se cobram demais, punem-se demais. E essa autopunição não tem resultado algum.

A ANSIEDADE VITAL

Já se perguntou por que não paramos de pensar por um segundo sequer? Mesmo enquanto dormimos, nosso cérebro produz imagens, lugares, diálogos e situações o tempo todo. Nosso cérebro não para. E como isso é possível?

Em nossa *psique* existe um fator fundamental que movimenta a construção de pensamentos. Esse fenômeno é nossa motivação inconsciente para alcançar pessoas, objetos, ambientes; para superar a solidão gerada pela consciência. Trata-se da ansiedade vital.

A ansiedade vital é nossa grande motivação. É o que movimenta todo o processo de construção do psiquismo. É fundamental para nossa inteligência saudável. No entanto, ao mesmo tempo em que esse fator se mostra importante, devemos também entendê-lo como perigoso, afinal, grande parte dos pensamentos que produzimos refere-se a nós e não aos outros. Explico: nossos pensamentos são distorcidos pela nossa cultura, pela nossa personalidade, pelas nossas emoções, nosso ambiente social e, sobretudo, pela nossa motivação.

Por mais que tentemos ser isentos, fazer julgamentos justos, nossa construção de pensamentos é contaminada, ainda que minimamente, já que, antes mesmo de termos consciência do pensamento, ele foi produzido pelo gatilho e as janelas da memória e pautado nas nossas experiências anteriores, gravadas em nossa *psique*.

É claro que essa contaminação dos pensamentos pode ocorrer em graus distintos. Alguns não prejudiciais – a maior parte deles não é prejudicial – e outros mais prejudiciais. Com essa reflexão, fica clara a necessidade do "pensar antes de agir", momento em que pensamos o pensamento e avaliamos se está adequado à situação específica.

Para facilitar, vamos dar um exemplo: Durante a realização de uma prova, é natural que o candidato passe por momentos de tensão. Consideramos que essa tensão pode ser até saudável, tendo em vista tratar-se de um certo cuidado para dar as respostas certas, manter o equilíbrio, acessar os dados memorizados durante as tantas horas de estudo. Se, durante a realização da prova, o examinador chama seu nome em voz alta, com tom ríspido, o que você pensa? Muitos dirão que ele está suspeitando de algum movimento seu, que está reclamando de alguma conduta sua que você mesmo nem notou. Se pensar nisso, certamente você responderá também ríspido, criando um ambiente nada favorável para o objetivo maior do momento: a realização de uma prova importante. No entanto, pode ser que o examinador queira somente alertá-lo para sua caneta que está no chão. Pensando nessa situação, cabe aqui uma resposta ríspida? Está clara a importância de examinar o pensamento? Avaliar o julgamento antes de tomar qualquer atitude? Preserve-se, principalmente nos momentos de tensão.

Conhecemos o outro a partir de nós mesmos. Nossos pensamentos não representam o outro, completamente. Lembre-se: eles são baseados em nossas experiências anteriores. Está aí uma das grandes armadilhas da mente, que gera grandes ansiedades.

E qual o limite entre a ansiedade vital e a ansiedade doentia? Quando a ansiedade vital retrai o prazer de viver, torna-se ansiedade doentia. Quando inibe a generosidade, a afetividade, a criatividade, o raciocínio multifocal, torna-se uma ansiedade perigosa e prejudicial ao nosso desenvolvimento.

A hiperconstrução de pensamentos é um dos fatores que podem transformar a ansiedade vital numa ansiedade doentia e perigosa. Quem tem uma mente agitada, ultrapassou os limites da ansiedade vital e certamente desenvolverá a Síndrome do Pensamento Acelerado.

A INCIDÊNCIA DA SPA

É assustador, mas, se considerarmos que a Síndrome do Pensamento Acelerado – SPA seja um transtorno de ansiedade, dificilmente encontraremos uma só pessoa com sua saúde psíquica plena.

Indivíduos portadores da Síndrome do Pensamento Acelerado sofrem da falta de capacidade de proteger suas emoções e gerenciar seus pensamentos.

Muitas pessoas foram diagnosticadas com hiperatividade, quando, na verdade, sofriam da Síndrome do Pensamento Acelerado. E, sim, os dois diagnósticos têm grandes diferenças, principalmente porque o primeiro conta com grande carga genética, enquanto o segundo tem por base a influência do meio e seus superestímulos.

Adolescentes portadores da SPA, por exemplo, apresentam sintomas como inquietação, agitação, dificuldade de concentração e reação a normas sociais. Não se assuste se identificar aqui algumas pessoas com quem tem contato. A SPA atinge quase que a totalidade dos jovens de hoje e os sintomas realmente são bem próximos aos da hiperatividade.

Na Síndrome do Pensamento Acelerado, a inquietação surge pouco a pouco, ao longo dos anos. Esse processo é tão gradativo que existem casos imperceptíveis por quem convive com o portador da SPA e, por consequência disso, somente busca-se uma alternativa quando se percebe impacto direto no desenvolvimento do indivíduo ou em suas atividades do dia a dia.

Na SPA não há nenhum tipo de alteração hormonal ou metabólica. A questão aqui é somente funcional e social e se relaciona ao processo de formação da personalidade e funcionamento da mente.

O tratamento para a SPA? É muito eficaz desenvolver atividades mais lentas, como ouvir músicas tranquilas, pintar, tocar instrumentos, fazer algum tipo de atividade manual, praticar esportes, meditar etc. Esse tipo de atividade tem o objetivo de tirar o foco do hiperestímulo, trazendo a *psique* do indivíduo novamente para seu centro de comando.

Por isso, é importante a criação de uma rotina de lazer com atividades mais tranquilas. Afinal, a SPA pode ir e vir a qualquer momento, em razão dos milhões de estímulos a que estamos expostos em nosso dia a dia.

Se você está enfrentando uma maratona pesada de estudos, esta regra aplica-se também a você! Crie uma rotina com atividades prazerosas. É importante que você se desconecte um pouco da grade de estudos. Fique longe do computador e do celular por algumas horas na semana. Faça caminhadas, converse com pessoas de fora do seu círculo de estudos, oxigene sua mente. Essas atividades são tão – ou mais – importantes quanto as horas que você passará diante dos seus livros e cadernos.

Se não conseguirmos aprender técnicas para gerenciar nossos pensamentos, protegendo nossas emoções, corremos o risco de repetir situações negativas, bloqueando nosso desenvolvimento, desacelerando nossa maturidade. Esse processo negativo – ou retrocesso – traz irritação, incapacidade de lidar com frustrações, incapacidade de adaptação a situações diferentes, insatisfação crônica e o mais grave: comprometimento do rendimento intelectual.

Outro efeito negativo da Síndrome do Pensamento Acelerado é a quase imediata retração de duas funções fundamentais para o desenvolvimento pessoal, profissional, social e afetivo: a capacidade de pensar antes de agir e a capacidade de colocar-se no lugar do outro.

Estas são duas funções que serão exercidas dia a dia, ao longo da vida. O bloqueio dessas funções trará gravíssimas consequências para a vida de qualquer indivíduo. Ele não será capaz de se relacionar, aos poucos perderá a capacidade de cooperação e de inteiração. Perderá a qualidade de vida e o prazer de viver.

A SPA impossibilita os processos de transformação da informação em conhecimento e, por consequência, de transformação do conhecimento em experiência e da experiência em função complexa da inteligência. A falta desses processos fará com que o indivíduo imponha suas ideias ao invés de expô-las, e não seja capaz de gerenciar seus pensamentos.

Pare tudo o que está fazendo. Reflita sobre seus comportamentos e sentimentos. Como o dia lhe parece? Pesado? E sua rotina? Angustiante?

Fique atento! Fadiga excessiva, compulsão, dores musculares, distúrbios do sono, tristeza, dores de cabeça e outros sintomas psicossomáticos são causados pela SPA. Conheça seu corpo e suas reações e fique atento aos sinais.

O maior desafio do EU é assumir seu papel fundamental como gestor da mente.

Novamente, vamos considerar a construção de pensamentos multifocal, isto é, ela não depende somente da vontade do EU, mas de fenômenos instantâneos inconscientes (gatilho da memória, autofluxo e janelas da memória). Partindo desse princípio, percebemos que nosso EU não tem pleno controle sobre os três instrumentos mencionados que auxiliam na construção de pensamentos diários.

E o que isso quer dizer? Simples. Devemos construir uma boa base para que qualquer instrumento de construção de pensamento o faça nas bases sólidas de uma mente saudável. Precisamos enfrentar a SPA, que é o verdadeiro mal do século.

A Síndrome do Pensamento Acelerado, como costumamos dizer, é como um filme editado em altíssima velocidade: só há prazer em assistir aos primeiros segundos. Nos demais, o desprazer toma conta do espectador. A SPA traz a mesma sensação: conseguimos pensar com clareza nos primeiros segundos, e até achamos que estamos no caminho certo, mas logo em seguida nossa mente se desorganiza e somos incapazes de manter uma coerência lógica de ideias.

ARMADILHAS DA MENTE

Como estudamos, existem mecanismos construtores do pensamento que trabalham antes mesmo que o EU entre em ação.

O gatilho da memória é um desses mecanismos, acionado quando sofremos algum estímulo, seja extrapsíquico, psíquico ou orgânico. Ele atua em milésimos de segundos, sem que o EU note, abrindo as janelas da memória e ativando a imediata interpretação das informações.

Em uma hora de estudos, por exemplo, o gatilho da memória pode ser disparado milhares de vezes, para que seja elaborado o processo de compreensão de cada tópico da disciplina, cada exemplo relacionado.

Veja que a primeira interpretação dos estímulos que recebemos estará sempre relacionada a um fenômeno inconsciente, cuja ação ocorrerá sempre no primeiro ato do teatro mental, antes mesmo da consciência do EU.

Todas as fobias, medos incontroláveis, reações automáticas são decorrentes do gatilho da memória, que, por uma análise, é um grande auxiliar do EU, mas, por outro lado, pode ser seu carrasco, abrindo janelas traumáticas, levando o indivíduo a atos falhos, interpretações distorcidas, situações indesejadas.

Citamos este exemplo em outra obra, mas vale a pena ilustrar a teoria de forma clara. Vamos examinar a situação a seguir:

Certa vez um aluno brilhante foi mal numa prova. Ele sabia toda a matéria. Havia estudado à exaustão, mas na hora da prova ficou tenso e, por não conseguir recordar as informações, teve um péssimo desempenho. O professor criticou seu desempenho, jogando sobre ele julgamentos que partiam de si mesmo e pouco tinham a ver com o aluno. O aluno ficou abalado e registrou essa frustração em sua memória.

A prova seguinte se aproximava e o aluno estudou ainda mais! Sabia a matéria em sua totalidade, com as aplicações e inter-relações necessárias. Tinha treinado de forma correta e estava apto para o exame. Na hora da prova, o gatilho da memória entrou em cena e abriu a janela killer que continha o arquivo do medo de falhar.

Qual foi o resultado? O aluno tornou-se vítima da Síndrome do Circuito Fechado da Memória: não conseguiu abrir os arquivos que continham todas as informações da matéria que precisava para a prova, teve uma ansiedade intensa e um péssimo rendimento intelectual.

A partir daí, toda vez que ele fazia uma prova, o gatilho da memória acionava as tais janelas killer e a tragédia se repetia. Acabou reprovado, após tantos desempenhos negativos na prova. Uma situação triste que nada tem a ver com a inteligência técnica do aluno, mas sim com o gerenciamento dos seus pensamentos.

Por fim, o aluno somente conseguiu se superar e estruturar sua autoestima brilhando em seu raciocínio e garantindo bons desempenhos nas provas quando aprendeu a resgatar a liderança do eu, gerenciar seus pensamentos e proteger suas emoções.

Outro fenômeno inconsciente traduz-se pelas janelas da memória, que são áreas de leitura da memória num determinado momento existencial. As janelas da memória contêm arquivos armazenados que são lidos pelo gatilho da memória, pelo autofluxo e pelo EU, na construção do pensamento.

O grande desafio do ser humano é ser capaz de abrir o máximo de janelas da memória possível num momento, para raciocinar com maestria, considerando todas as possibilidades e experiências para aquela interpretação. No entanto, ao mesmo tempo em que tentamos a proeza da utilização de diversas janelas ao mesmo tempo, temos o risco de encontrar janelas traumáticas nesse caminho, que nos levarão à Síndrome do Circuito Fechado da Memória, ou seja, impedirão o acesso do EU a milhões de dados.

Como já estudamos, as janelas da memória dividem-se em neutras, light e killer.

As janelas neutras correspondem a mais de 90% das janelas da memória. Elas contêm informações sem carga emocional, como números de telefone, informações relacionadas ao trabalho, conteúdos acadêmicos, endereços, dados do dia a dia. São essas janelas que armazenarão todo aquele seu conteúdo de estudo, os grandes programas das disciplinas que serão cobradas nas provas.

As janelas killer correspondem a todas as áreas da memória que possuem conteúdo emocional angustiante, fóbico, tenso, compulsivo, depressivo. Chamamos de janelas traumáticas ou zonas de conflito. Essas janelas impedem o acesso a inúmeros dados registrados em outras janelas da memória, dificultando ou bloqueando respostas inteligentes que daríamos em situações de estresse. São essas as janelas que roubam a liderança do EU.

As janelas killer podem se tornar janelas killer duplo P, ou seja, janelas killer de duplo poder: poder de encarcerar o EU e poder de expandir a própria janela.

Não é possível deletar uma janela killer, mas é plenamente possível reeditá-la, reescrevê-la. Devemos nos mapear para identificar quais são as nossas mais graves janelas killer, que furtam nosso prazer de viver e nossa saúde emocional. Aí começa o trabalho de reedição para a retomada da nossa qualidade de vida.

As janelas light correspondem às janelas que contam com informações de prazer, serenidade, tranquilidade, afetividade, sensibilidade, exemplos saudáveis. Essas janelas abrem espaço para o desenvolvimento do EU e das funções mais complexas da inteligência, como resiliência, raciocínio lógico, criatividade etc.

O autofluxo é outro fenômeno inconsciente da produção de pensamento. Ele lê, como vimos, as janelas da memória e produz as mais diversas imagens mentais, como ideias, fantasias, desejos e emoções. O autofluxo é o fenômeno responsável pelo bom humor e, sem ele, a sociedade viveria um tédio desmedido e uma depressão coletiva.

O fenômeno do autofluxo é responsável pela fantasia, pela imaginação. Ao mesmo tempo em que ele nos leva ao ápice da criatividade, pode nos levar também ao terror.

Para criar cenários imaginários, o autofluxo lê as janelas da memória. Se ele lê janelas light, serão criados cenários saudáveis, tranquilos, instigantes, prazerosos, leves. Mas se a leitura ocorre sobre as janelas killer, ele pode produzir um espantoso filme, construindo pensamentos perturbadores, levando o indivíduo à crise de ansiedade, característica da Síndrome do Pensamento Acelerado.

É fundamental lembrar-se da importância de se fortalecer o EU como gestor do pensamento, para que ele controle, na medida do possível, esses cenários mentais criados a partir de janelas killer e tire o indivíduo da crise de ansiedade com uma mera reflexão sobre o sentido daquela cena.

Devemos ser líderes de nós mesmos e isso só acontecerá se o EU assumir o papel de gestor da *psique*.

O EU tem, no mínimo, 25 funções vitais como gestor da mente. São elas:

1. Autoconhecer, mapear suas mazelas psíquicas e superar a necessidade neurótica de ser perfeito.
2. Ter consciência crítica e exercer a arte da dúvida sobre tudo o que o controla, em especial as falsas crenças.
3. Ser autônomo, aprender a ter opinião própria e fazer escolhas, mas saber que todas as escolhas implicam perdas.
4. Ter identidade psíquica e social e superar a necessidade neurótica de poder.
5. Gerenciar os pensamentos e qualificá-los para não ser escravo das ideias que ruminam o passado ou antecipam o futuro.
6. Qualificar as imagens mentais e libertar o imaginário para ser inteligente nos focos de tensão.
7. Gerenciar a emoção, protegê-la como a mais excelente propriedade e filtrar estímulos estressantes.
8. Superar a necessidade neurótica de mudar o outro e aprender a contribuir com ele, surpreendendo-o.
9. Criar pontes sociais: saber que toda mente é um cofre, que não há mentes impenetráveis, mas chaves erradas.
10. Aprender a dialogar e transferir o capital das experiências, e não apenas comentar o trivial ou ser um manual de regras.
11. Reciclar influências genéticas instintivas.
12. Reciclar a influência do sistema social que nos torna meros números no tecido social, e não seres humanos complexos.
13. Reeditar as janelas killer, sabendo que deletar a memória é uma tarefa impossível.
14. Fazer a mesa-redonda com os "fantasmas" mentais para construir janelas paralelas ao redor do núcleo traumático ou killer.
15. Pensar antes de reagir e raciocinar de forma multifocal; não ser escravo das respostas, mas, em primeiro lugar, ser fiel à própria consciência.
16. Colocar-se no lugar do outro para interpretá-lo com maior justiça a partir dele mesmo.

17. Desenvolver altruísmo, solidariedade e tolerância, inclusive consigo mesmo.
18. Desenvolver resiliência: trabalhar perdas e frustrações e reciclar o conformismo e a autopiedade.
19. Gerenciar a lei do menor e do maior esforço; saber que a mente humana tende a seguir o caminho mais curto, como julgar, excluir, negar, eliminar, mas a maturidade recomenda o caminho mais inteligente e elaborado.
20. Pensar como humanidade, e não apenas como grupo social, nacional, cultural, religioso.
21. Dar choque de gestão no fenômeno do autofluxo. Deixá-lo livre desde que ele não se ancore em janelas killer ou acelere a construção de pensamentos.
22. Gerenciar a SPA para não ser uma máquina de pensar e de gastar energia cerebral inútil.
23. Dar um choque de gestão no pacto entre o gatilho da memória e as janelas da memória.
24. Aprender a não ser vítima da Síndrome do Circuito Fechado da Memória e do fenômeno ação-reação.
25. Educar-se com todas as 24 funções mais complexas da inteligência citadas acima para desenvolver a mais notável delas: ser o autor da própria história ou gestor da sua mente.

O certo seria que aprendêssemos essas funções desde a escola primária, mas infelizmente isso não aconteceu conosco. O que fazemos, então?

Vamos começar agora! Nunca é tarde para começar a trabalhar por um EU saudável, que caminhe para o nosso desenvolvimento, nos fazendo autores de nossa própria história.

Você tem um desafio pela frente: fortalecer seu EU.

Faça isso agora, antes de ter que enfrentar uma prova ou um desafio social qualquer. Quando chegar esse momento, seu EU estará fortalecido suficientemente para trabalhar junto com você e superar qualquer desafio.

AFINAL, O QUE É A SPA?

Estudamos a construção de pensamentos e o fenômeno que dá o *start* à SPA. Agora precisamos entender o que é a Síndrome do Pensamento Acelerado.

Como o próprio nome diz, a Síndrome relaciona-se à velocidade exagerada da produção dos pensamentos. Editar ou produzir pensamentos sem controle é uma falha do EU como gestor da mente.

O aceleramento da mente gera um inimaginável desgaste cerebral, produzindo um grau enorme de ansiedade, gerando a SPA e todos os seus sintomas.

Há diversos tipos de ansiedade. Já ouviu falar no transtorno obsessivo compulsivo, no transtorno do pânico, no transtorno pós-traumático? A ansiedade que a Síndrome do Pensamento Acelerado produz é ainda mais abrangente do que todas estas citadas, apresentando sintomas contínuos e contagiantes.

Você possui SPA? Vamos a um teste simples.

Selecione, entre os sintomas a seguir, aquele(s) que você possui:

- ☐ Ansiedade
- ☐ Mente inquieta ou agitada
- ☐ Insatisfação
- ☐ Cansaço físico exagerado
- ☐ Sofrimento por antecipação
- ☐ Irritabilidade ou flutuação emocional
- ☐ Impaciência
- ☐ Tédio
- ☐ Dificuldade de lidar com pessoas lentas
- ☐ Baixa capacidade de lidar com frustrações
- ☐ Dor de cabeça
- ☐ Dor muscular

- ☐ Queda de cabelo, taquicardia ou aumento da pressão arterial
- ☐ Déficit de concentração
- ☐ Déficit de memória
- ☐ Transtornos do sono
- ☐ Insônia

Identificou algum dos sintomas?

Infelizmente, se você assinalou pelo menos três ou quatro dos sintomas listados acima, deve mudar rapidamente seu estilo de vida.

Desses sintomas, o mais marcante, e talvez o primeiro a ser percebido, é o sofrimento por antecipação, geralmente seguido pelos distúrbios do sono. O sono, neste caso, não é reparador. Acordamos cansados, com a sensação de que acabamos de deitar.

Em casos mais graves, começam a surgir sintomas físicos. O cérebro, exausto, não repõe energia e procura órgãos que possam nos alertar. Surgem, então, dores de cabeça, por exemplo.

Fique atento. A SPA prejudica a assimilação de informações, a organização e a capacidade de resgatar essas informações, comprometendo seu desempenho e raciocínio.

No mundo ideal, os alunos não devem ser avaliados somente por uma prova escrita, mas sim por todo seu desempenho e dedicação, capacidade de resolver problemas, criatividade.

Ocorre que, para alcançar uma carreira pública, por exemplo, uma certificação ou o registro em sua entidade de classe, você deverá passar por uma prova, e ela será a única maneira de ingresso, por mais injusto que isso seja.

Está com dúvida sobre se a SPA pode te atrapalhar na hora da prova? A melhor maneira de testar isso é fazendo uma prova simulada. Lembre-se de que, no dia da prova oficial, a tensão será maior, então dê esse desconto. A prova simulada permitirá que você perceba se está conseguindo resgatar as informações estudadas, desenvolver respostas inteligentes e resolver problemas. Meça seu desempenho e não seja surpreendido na hora da prova.

O cérebro pode até bloquear alguns arquivos da memória, numa tentativa de diminuir o excesso de pensamentos produzidos pela Síndrome do Pensamento Acelerado, e não, não temos controle sobre quais arquivos serão bloqueados.

Para se blindar desse mal, você deve entender suas causas e afastar-se delas!

As principais causas da SPA são:

- Excesso de informação
- Excesso de atividades
- Excesso de trabalho intelectual
- Excesso de preocupação
- Excesso de cobrança
- Excesso de uso de celulares e computadores

Sim, todos nós estamos expostos às principais causas da Síndrome do Pensamento Acelerado, por isso sua imensa incidência na sociedade.

De todas essas causas, o excesso de informação é a principal delas, principalmente porque está contida também nas demais causas. O fenômeno do Registro Automático da Memória arquiva todas as informações que recebe no córtex cerebral, mesmo sem autorização do EU, o que satura a Memória de Uso Contínuo.

A consequência da saturação da memória de uso contínuo é a expansão dos níveis da ansiedade mental, que superestimula o fenômeno do autofluxo. Neste caso, o autofluxo lê de forma rápida e descontrolada a memória, passando a produzir pensamentos numa velocidade absurda, gerando a Síndrome do Pensamento Acelerado.

Em razão do mundo competitivo e que exige que sejamos sempre muito bem informados e nos destaquemos de alguma forma dos demais indivíduos, sobrecarregamos nosso cérebro. O fenômeno do autofluxo, que deveria ser nossa principal fonte de entretenimento, passa a ser nossa maior fonte de estresse e ansiedade.

NÍVEIS DE SPA

A Síndrome do Pensamento Acelerado possui diferentes níveis.

1º nível – viver distraído: a pessoa portadora da SPA no primeiro nível é aquela com quem estamos conversando e percebemos que ela está desenhando sobre uma folha, ou batendo os dedos na mesa. Ela está distraída e provavelmente não ouviu nada do que falamos. Estas pessoas não têm concentração. Nos estudos, são aquelas pessoas que leem um texto e não são capazes de reproduzi-lo, não guardam nada.

2º nível – não desfrutar a trajetória: a pessoa portadora de SPA no segundo nível não consegue ler um livro da primeira à última página, sem pular nenhuma delas. Ela é tão agitada que não consegue seguir a trajetória normal. Não se dá trégua, não descansa. Estas pessoas são inteligentes, mas incoerentes. Não são capazes de desfrutar do sucesso, pois, quando alcançá-lo, já estarão pensando na próxima batalha.

3º nível – cultivar o tédio: no terceiro nível de SPA, a pessoa está sempre procurando algo que não existe fora dela, somente dentro. Ela está sempre ansiosa pelo próximo compromisso e, quando ele chega, logo ela se farta e passa toda a expectativa para o próximo compromisso. Estas pessoas não aguentam rotina, não relaxam.

4º nível – não suportar os lentos: no quarto nível de SPA, a pessoa não consegue conviver com pessoas mais lentas que ela. Não suporta quem demora para resolver problemas, perde a paciência com facilidade. Estas pessoas não entendem que quem tem ritmo errado são elas, e não as pessoas que as rodeiam.

5º nível – preparar as férias dez meses antes: estas pessoas são aquelas que nunca descansam e sempre põem a expectativa nas próximas férias. Planejam, prometem que serão as melhores férias, mas é só elas começarem que o estresse aparece. Mantêm o ritmo do estudo/trabalho mesmo nas férias e ficam torcendo para que elas acabem logo, para voltarem para o campo de batalha.

6º nível – fazer da aposentadoria um deserto: esta é a fase em que não podemos chegar! Pessoas que não se preparam para curtir a vida, para contemplar o belo, não saberão curtir sua aposentadoria e farão dela um martírio. O resultado disso são diversas doenças psicossomáticas e picos e picos de ansiedade.

CONSEQUÊNCIAS DA SPA

Se estudarmos as consequências da Síndrome do Pensamento Acelerado, ficaremos assustados com os prejuízos que ela pode nos trazer, sem nos darmos conta.

Uma mente com hiperestimulação, uma mente hiperpensante envelhece precocemente. A idade cronológica pode ser de 20 anos e a emocional, de 60. Os portadores de SPA podem ser especialistas em criticar os outros, podem ser impacientes, incapazes de identificar oportunidades, incapazes de recomeçar. Apontam com maestria seus defeitos, mas não enxergam suas qualidades.

Outra consequência muito recorrente é o retardamento da maturidade, que se manifesta pela incapacidade de receber críticas, de reconhecer seus erros ou pedir desculpas. Exercitar a reciclagem da Síndrome do Pensamento Acelerado para incentivar a maturidade emocional é fator primordial para se ter uma mente livre e realizada.

Um portador de SPA tem reduzida a capacidade de filtragem de estímulos estressantes, abrindo espaço para a formação de mais e mais plataformas de janelas killer. Nestes casos, o fenômeno do autofluxo o domina, lendo e relendo as janelas killer, transformando sua vida num filme de terror.

Pessoas sem proteção emocional, além do que foi dito, têm chance de desenvolver hipersensibilidade. Elas não só se preocupam com a dor dos outros, como vivem essa dor, o que intensifica a SPA e propicia o desenvolvimento de depressão, síndrome do pânico e doenças psicossomáticas.

Além disso, pessoas portadoras de uma SPA importante podem desenvolver doenças psicossomáticas, comprometimento da criatividade, comprometimento do desempenho intelectual global, deterioração das relações sociais, dificuldade de trabalhar em equipe e cooperar socialmente, entre outros sintomas sérios e que interferirão gravemente em seu desempenho educacional e profissional.

COMO LIDAR COM A SPA?

Para lidar com a Síndrome do Pensamento Acelerado, é necessário passar por algumas técnicas importantes. Pode ser que não seja possível resolvê-la completamente, mas é plenamente possível equilibrá-la.

Vejamos:

É necessário, em primeiro lugar, capacitar o EU para ser gestor da sua mente e autor da sua própria história. Mas como fazer isso? O primeiro passo você já deu: começar a conhecer o processo de construção dos pensamentos.

Quando você conhece a maneira como os pensamentos são formados, consegue perceber quais as más influências externas que pode sofrer, e, assim, é capaz de se prevenir. Seja autor da sua própria história. Evite se influenciar por situações passadas que foram mal administradas.

Faça um mapeamento das suas janelas killer direcionadas ao seu maior objetivo: as suas provas. Identifique seus maiores obstáculos e trabalhe-os antes que eles possam interferir de forma negativa em seu rendimento.

Em segundo lugar, é importante ser livre para pensar, mas sem se tornar escravo de seus pensamentos. Explico: agora que você começou a conhecer a construção dos pensamentos, deve sentir-se livre para pensar diferente, adotar novas técnicas, ousar, ter novas ideias. Tenha pensamentos otimistas e positivos. Eles te ajudarão a obter o sucesso.

Afaste-se da escravidão da Síndrome do Pensamento Acelerado. Se você se identificou com os sintomas da SPA, adote medidas contra ela: pratique esportes, desenvolva um hobby, faça atividades que lhe deem prazer. Quem é escravo da SPA fica sem defesa contra o pessimismo e o conformismo, não reage, aterroriza-se em sua própria mente e não adota medidas contra isso. Faça diferente! Você é capaz!

A terceira técnica refere-se ao gerenciamento do sofrimento antecipatório. Você se lembra de que estudamos que o sofrimento por antecipação é um dos principais sintomas da SPA? Pois bem. Vamos combatê-lo.

O EU deve gerenciar diariamente os pensamentos que bloqueiam a inteligência, sobretudo aqueles que se esforçam para antecipar o futuro. Mais de 90% das nossas preocupações sobre o futuro provavelmente não se materializarão. Os outros 10% provavelmente ocorrerão de forma diferente do que pensamos, e sem que tenhamos controle sobre eles.

Pense no amanhã para sonhar, para fazer planos saudáveis. Desenvolva estratégias para superar desafios de forma inteligente.

A quarta técnica trata da higiene mental por meio da técnica DCD – duvidar, criticar, decidir.

Duvide dos seus medos e das suas inseguranças. Duvide que eles tenham o controle sobre você. Este será o primeiro passo para superá-los. Em seguida, critique-os. Analise-os e aponte suas falhas. Você verá que eles não são tão fortes como imagina. Por fim, decida, determine. A determinação é um princípio fundamental para qualquer mudança de atitude. É a fonte da capacidade de lutar por suas metas.

Quando produzir uma emoção angustiante, aplique imediatamente a técnica DCD, enquanto a janela estiver aberta, sendo impressa pelo fenômeno RAM. Se não fizer isso, terá o trabalho de reeditar a janela killer. Não será mais possível deletá-la.

Lembre-se de duvidar de tudo o que te aprisiona e criticar cada pensamento negativo. Decida aonde quer chegar e qual sua meta para aquela emoção. Isso certamente melhorará sua qualidade de vida.

Como quinta técnica, temos a reciclagem das falsas crenças. Elas costumam ser poderosíssimas, até mais do que alguns pensamentos e emoções angustiantes.

Essas crenças podem ser um sentimento de incapacidade, complexo de inferioridade, conformismo, autocobrança, ansiedade etc. Elas fundamentam a SPA e fazem você trabalhar para que elas sejam verdadeiras. Aplique a técnica DCD diariamente sobre as falsas crenças, com a finalidade de reeditar os núcleos doentios de habitação do EU. Além disso, aplique a técnica da mesa-redonda do EU: o EU deve reunir-se todos os dias com as falsas crenças e levantar as mentiras, debatendo conceitos distorcidos e paradigmas infundados.

A aplicação dessas técnicas (mesa-redonda do EU e DCD) facilitará a reciclagem das falsas crenças, tornando-o autor da sua própria história, livre de preconceitos infundados sobre si mesmo.

A sexta técnica é clara: não seja uma máquina de trabalhar. Produzir é fundamental. Estudar é preciso. É o caminho para o seu grande objetivo. Mas não é a única coisa que te alimenta para atingir esse objetivo.

Para alcançar seu objetivo, você precisa se dedicar. Terá que delinear horas e horas de estudo, perder horas de descanso, festas, eventos. Mas tudo isso tem que ser temporário e, portanto, eficaz. Estude com foco. Estabeleça metas e trabalhe com cronogramas. Não se esqueça das horas de descanso. Reitero: elas são tão importantes quanto as horas de estudo.

A sétima técnica refere-se muito bem aos dias atuais: não seja uma máquina de informações! Muito mais importante do que armazenar uma grande quantidade de dados, é armazenar dados de qualidade, confiáveis.

Você tem milhares de materiais sobre uma mesma disciplina? Pretende assistir às aulas, ler livros, apostilas, ver vídeos, participar de fóruns, grupos de discussões, ler questões comentadas de diversas fontes, artigos e outros materiais escritos? Pare.

Selecione o que é confiável. Escolha o que realmente te fará aprender, o que contribuirá para sua formação e te dará a real possibilidade de armazenar todo o conteúdo.

Quem não seleciona livros, textos, cursos, técnicas e outras informações, pode aumentar ainda mais a SPA e bloquear sua criatividade.

Por fim, a oitava técnica: não seja um traidor da sua qualidade de vida! Não traia seu sono, suas férias, seu descanso, seus momentos de lazer. Não traia o tempo que tem para gastar com você. Ele é tão escasso... Aproveite-o com inteligência!

Seu grande desafio é gerenciar seu tempo, fortalecer seu EU e ser autor da sua própria história.

Volte aos seus objetivos descritos no início deste livro. O que fará para conquistá-los?

Vamos reescrever nossa história, começando pelo que faremos daqui para frente.

Reescreva abaixo seu maior objetivo hoje:
___
___
___

Como pretende conquistá-lo?
___
___
___

Precisa mudar alguma conduta, para fazê-lo?
___
___
___

Quais serão seus maiores desafios?
___
___
___

Você tem o mundo à sua frente e o mapa em suas mãos. Só você pode conquistar seu sonho. Seu futuro depende de você! E você é capaz!

Os vencedores certamente são imperfeitos, mas também são ousados. Às vezes choram, porém não se intimidam com falhas e lágrimas; ao contrário, usam-nas para irrigar a autodeterminação.

7 MUDANDO O COMPORTAMENTO PARA OBTER SUCESSO

Depois de trilhar essa grande jornada para estudar as armadilhas da mente e as ferramentas de gestão da emoção para que você possa brilhar nas provas, concursos, desafios, debates, crises e dificuldades da vida, faremos, neste último capítulo, uma síntese de tudo o que vimos para que você assimile e se aproprie de todos esses conhecimentos. Lembre-se de que este livro talvez seja a primeira obra de Gestão da Emoção para expandir o desempenho global da sua inteligência.

Em meu livro *Do Zero ao Gênio* conto a história de um garoto, Guto, indisciplinado, desconcentrado e irresponsável, e que, por isso, tinha péssimo desempenho nas provas. Considerado um zero à esquerda, um dos piores alunos da escola, ninguém acreditava que ele pudesse brilhar nos estudos e na vida. Zombado por muitos, com baixíssima autoestima, depois de tantos zeros, começou a crer que estava condenado a ser um "aluno-fracasso". Veremos os cárceres mentais inconscientes que sabotavam Guto. Talvez esses mesmos cárceres tenham sabotado e aprisionado você em muitas situações e você não percebeu.

Lembre-se de que há 4 copilotos inconscientes do EU que o ajudam a pilotar a aeronave mental, mas que podem perder sua função saudável e se tornar um construtor de armadilhas mentais.

Quando Guto ia fazer as provas, detonava o gatilho da memória (primeiro copiloto do EU), que uma janela errada, a janela killer (segundo copiloto), despertando-lhe o medo de fracassar, de não lembrar e de tirar mais um zero. Devido ao medo e à ansiedade dessa janela traumática, a âncora da memória (terceiro copiloto) fechava o circuito, o que o impedia de ter acesso aos arquivos que continham as matérias que estudava. Guto começava a passar mal, suava, ficava ofegante e é, claro, tinha lapsos de memória, os famosos brancos.

Nesse momento, o estudante vivia a síndrome predador-presa, síndrome que descobri e que é responsável não apenas pelo péssimo desempenho nas provas, mas também por homicídios, suicídios, autocobranças, discussões entre casais, brigas entre pais e filhos e tantas outras violências.

As provas eram como um predador voraz, tal como um leão, tigre ou leopardo, e ele se sentia uma frágil vítima prestes a ser engolida. Nesse momento o quarto copiloto do EU, o autofluxo, só conseguia ler e reler essa janela, preparando-o apenas para duas situações: lutar ou fugir. O resultado? Mais notas baixíssimas.

Guto ia de mal a pior. Ficou deprimido, tornou-se pessimista, conformista, emocionalmente frágil, não conseguia olhar nos olhos das pessoas. Cobrava demais de si mesmo, era seu maior carrasco. Até que descobriu, por meio dos ensinamentos do seu avô, que era um neurocientista inteligentíssimo, os segredos para ter uma mente brilhante. Aprendeu técnicas de gestão da emoção fascinantes. O resultado? Saiu fora da curva. Pensou fora da caixa. Tornou-se um dos melhores alunos de que já se teve notícia em sua escola, em sua cidade e em seu estado. Transformou-se num ousadíssimo gênio, um intelecto criativo, um construtor de novas ideias. Por fim, desenvolveu a ONG (organização não governamental) "Yes, you can" (Sim, você pode) e passou a ajudar os alunos com dificuldades de aprendizado em seu país para libertar sua capacidade de pensar e se tornar um vencedor.

Eu dou treinamento no Vale do Silício, na Califórnia. Pensar fora da caixa no maior vale do mundo para a formação de líderes e de *startups* é importantíssimo para se reinventar. Você pensa fora da caixa? Você abre o leque da sua mente para ver outras possibilidades? Se você é pessimista, tem medo do futuro, se culpa, se condena e cobra demais de si mesmo, você pensa dentro da caixa, tem uma mente fechada, um cérebro engessado, pois caminha onde quase todos caminham e, consequentemente, só atingirá os lugares onde todo mundo chegou.

A história de Guto era muito parecida com a minha história, que contei no começo deste livro. A princípio, não tínhamos muitas pessoas que diriam que iríamos longe. Tínhamos comportamentos que iam contra os planos de um futuro promissor, prosperidade nos estudos, uma mente brilhante ou uma carreira de sucesso. Foi então que descobrimos que ninguém pode ser um líder social se, primeiramente, não for um líder de si mesmo. Acertamos o alvo depois de muitíssimas derrotas. Mude primeiro você para depois mudar o mundo ao seu redor!

Mudamos nosso pensamento, construímos grandes sonhos, lutamos por eles, treinamos nossa emoção e nosso intelecto! Fizemos ginástica mental, oxigenamos nossa memória e capacidade de elaborar o raciocínio. Descobrimos ferramentas de gestão da emoção fundamentais para mantermos o foco no que realmente importava.

Muitas pessoas malham nas academias, mas não sabem fazer ginástica cerebral. Você sabe fazê-la? Você treina seu intelecto? Sabe exercitar sua memória? Tem habilidades para desatar seus cárceres mentais? Constrói grandes sonhos e luta por eles? Lembre-se de que sonhos não são desejos. Desejos morrem no calor das dificuldades da segunda-feira, sonhos são projetos de vida. Quanto mais crises, problemas, derrotas você atrair, mais eles criarão raízes.

> *Guarde sempre estas três ferramentas de gestão da emoção:*
> *1. Seja líder de si mesmo, para ser um líder social!*
> *2. Toda mente é um cofre e não existe mente impenetrável, mas chaves erradas.*
> *3. Mude primeiro sua mente, para depois mudar o mundo.*

Ao longo deste livro, estudamos o funcionamento da mente. Você viu fenômenos vitais que serão úteis para toda a sua vida, até quando for idoso. Você descobriu também a formação das janelas killer e como elas podem sabotar nosso rendimento nas provas, concursos e nos desafios diários. **Nunca se esqueça de que seus piores inimigos estão dentro de você. O sucesso começa primeiro na sua mente, depois nas provas, sejam elas quais forem. Registre para sempre a quarta e a quinta ferramenta.**

Vamos recordar e dar mais algumas lições importantíssimas para completar seu treinamento. As janelas killer constituem as áreas de conflito. Todos nós as possuímos. Elas contêm o medo de falhar, de dar vexame, de ter um branco no ato das provas; também contêm as falsas crenças, como sentimento de incapacidade, de que nossa memória é ruim, de que somos destituídos de sorte. Ainda contêm as preocupações doentias, como o medo do futuro, o medo do que os outros pensam e falam de nós, timidez, fragilidade, insegurança. E, por fim, contêm sentimento de culpa, autocobranças, solidão, autoabandono, vazio existencial, ansiedade, humor triste.

As janelas killer sabotam, asfixiam ou sequestram nossa memória, raciocínio, pensamento estratégico, criatividade, ousadia, prazer de viver, empatia, capacidade de pensar antes de reagir, tolerância social, qualidade de vida, enfim, fragmentam as possibilidades de sucesso nas provas, concursos, nas atividades profissionais, nas relações sociais e na relação do ser humano com ele mesmo. Todos os pensamentos perturbadores, como desânimo, compulsão, impulsividade, angústia, irritabilidade, baixo limiar para frustrações, vêm dessas janelas.

COMO SE INICIAM OS CÁRCERES MENTAIS?

Diversas situações ou estímulos podem gerar a abertura de janelas killer, encarcerando o EU, que representa a consciência crítica e a capacidade de escolha, dificultando ou bloqueando respostas inteligentes nas situações estressantes. O assunto é muitíssimo complexo e envolve fenômenos ligados à última fronteira da ciência: a construção do pensamento e a formação da consciência existencial.

Lembre-se de que o primeiro ato do teatro mental é inconsciente, ocorre em frações de segundo, e só depois o EU entra em cena, para arrumar a casa chamada mente humana. Às vezes, uma bagunça intelectual se instalou, tal como um branco na memória, temores, crise de ansiedade, sentimento de raiva, medo, vingança ou ciúmes. O EU tem de entrar em cena para reorganizar a casa mental. Mas as melhores universidades do mundo não treinam o EU dos alunos, nem no mestrado ou doutorado, para pôr ordem no caos emocional. Por isso, a educação mundial está doente, formando pessoas doentes, para uma sociedade intoxicada digitalmente.

Nos cursos preparatórios para concursos também não se ensinam as magnas ferramentas para o EU ser livre e líder de si mesmo. Como digo no livro *O homem mais feliz da história*, no cérebro humano há mais cárceres do que nas cidades mais violentas do mundo. Espero que vocês o leiam, pois faz parte do seu treinamento. Felizmente, no programa Escola da Inteligência, que utiliza minha metodologia de gestão da emoção, há mais de mil escolas básicas ensinando a crianças e adolescentes o que nós, adultos, não aprendemos. Eles serão mais saudáveis do que nós.

Recorde: uma prova escrita ou oral, um desafio, uma crítica, uma ofensa, uma notícia ruim ou um pensamento pessimista pode detonar o gatilho da memória (primeiro copiloto inconsciente do EU), abrindo uma janela killer (segundo copiloto), que contém um volume de ansiedade que faz com que a âncora (terceiro copiloto) feche o circuito da memória. Desse modo, milhares de janelas ou arquivos que têm tudo o que você aprendeu não são acessados. Você vive a síndrome predador-presa, deixa de ser *Homo sapiens* e se torna *Homo bios*, reage instintivamente, para lutar ou fugir, como se estivesse numa savana africana diante de uma fera. Grande parte dos alunos não liberta sua memória, porque aciona mecanismos primitivos do cérebro.

Se as provas escritas, orais, os testes de avaliação funcionarem como seu predador, ainda que você seja disciplinado, responsável, inteligentíssimo e saiba toda a matéria, poderá ter péssimo desempenho intelectual. Imagine como milhares de gênios, de pessoas com alta capacidade, foram eliminados pelo sistema educacional, foram tachados de deficientes mentais, porque eram vítimas da síndrome predador-presa. Seu maior desafio nas provas é deslocar a âncora da memória das fronteiras das janelas killer para as janelas que contêm as matérias que você estudou e aprendeu.

Na história de Guto, ele decidiu que estudaria disciplinadamente e sentiu-se preparado para a prova. No dia do exame estava confiante e pronto para tirar nota altíssima. Tinha ciência de todo o conteúdo e sua vitória era certa. Naquele dia, ele surpreenderia a todos. O que ele não esperava era receber, na hora da prova, um bilhete de um colega zombando dele, relembrando quantos zeros ele já tinha tirado naquela matéria.

Resultado: detonou o gatilho e abriu uma janela errada, que continha o medo de falhar. Teve déficit de memória novamente. E, quanto mais tentava se lembrar, mais se estressava, mais se sentia diante de um predador. Sua mente não treinada para ser livre o preparou para lutar ou fugir, e não para raciocinar. Seu EU foi escravo de mecanismos primitivos, mais uma vez não foi líder de si mesmo.

LIBERTE-SE DOS PRESÍDIOS MENTAIS: AS SÍNDROMES SPA E PREDADOR-PRESA

Quantas pessoas sabiam todo o conteúdo das disciplinas e na hora da prova tiveram um apagão da memória? Na verdade, não houve apagão ou "branco", como as pessoas acreditam, inclusive muitos professores no mundo todo. O que ocorreu foi que o mecanismo de luta e fuga foi acionado diante de uma situação de altíssimo risco de vida, ainda que imaginária. São mecanismos normais de proteção, mas que só deveriam ser ativados se estivéssemos diante de uma serpente ou um grande felino.

Devido à síndrome do pensamento acelerado, também uma descoberta minha, as pessoas acionam cada vez mais a síndrome predador-presa, portanto estão cada vez mais desconcentradas e esquecidas. Você sofre por antecipação? Tem dificuldade de conviver com pessoas lentas? Sua mente é agitada? Por possuírem a SPA, provavelmente muitos que estão lendo este livro estão com a memória comprometida.

Dez ferramentas que podem ajudara aliviar a SPA e a síndrome predador-presa são: 1 – julgar menos e abraçar mais; 2 – namorar a sua vida; 3 – contemplar o belo; 4 – fazer exercícios físicos regularmente; 5 – realizar boas leituras; 6 – praticar técnicas de relaxamento; 7 – utilizar o celular com menos frequência, não usá-lo quando estiver à mesa do jantar e, se possível, não usá-lo também nos finais de semana, a não ser em situações especiais; 8 – proteger a emoção; 9 – gerenciar o estresse; 10 – utilizar a técnica do D.C.D. (duvidar, criticar e determinar) no ato das provas ou dos focos de tensão.

Toda mente acelerada, agitada, ansiosa dispara o gatilho para encontrar as janelas killer com mais facilidade. Essas janelas bloqueiam arquivos importantes e prejudicam não apenas a recordação, mas também a elaboração do raciocínio. Déficit de memória e pensamento menos elaborado são o pesadelo de quem faz qualquer tipo de prova. Quem quer ter sucesso como estudante ou alcançar uma carreira por meio de concurso público, não pode ficar refém das janelas killer, sob risco de fracasso. Portanto, o desafio é tanto reeditá-las, já que não é possível apagá-las, quanto deslocar o processo de leitura para as janelas saudáveis. Se você entendeu esses fenômenos inconscientes, nunca mais será o mesmo.

Voltando à história de Guto, o pior aluno da escola, temos um exemplo de superação. Quando ele percebeu que precisava mudar seu comportamento, recorreu ao avô, que lhe ensinou cinco chaves vitais para o sucesso:

1. Encarar os estudos como um agradável restaurante do conhecimento, para nutrir a inteligência.
2. Matéria dada, matéria estudada.
3. Matéria estudada, matéria recordada.
4. Libertar o imaginário para desenvolver o raciocínio complexo.
5. Praticar a técnica de duvidar, criticar e determinar – D.C.D.

Iremos dissecar essas 5 chaves do sucesso, esses diamantes intelectuais. A primeira chave é *"encarar os estudos como um agradável restaurante do conhecimento que nutre a inteligência"*. É uma chave fenomenal, espetacular, essencial. Refere-se a receber, assimilar, aprender com prazer os conteúdos que precisam ser estudados.

Se não tiver prazer de estudar, você estressará seu cérebro, expandirá a síndrome do pensamento acelerado e, consequentemente, terá cada vez mais uma mente agitada, inquieta, hiperpensante, que não conseguirá conviver com pessoas lentas. Terá um corpo cansado, com cefaleias, dores musculares, nó na garganta. Sem o deleite do prazer de aprender, também acionará a síndrome predador-presa, elevará o tom de voz, discutirá muito, será impaciente, intolerante, agressivo, desmotivado e, claro, esquecido.

Como ter prazer pelo conhecimento? Perceba que cada informação, cada ideia, foi produzida por meio de desafios, crises e, frequentemente, muitas lágrimas. Tempere o conhecimento frio com emoção, imaginação e muitos sonhos.

Estudar não pode ser uma fonte de estresse, não pode ser uma comida sem sabor, nem um deserto sem oásis, mas um banquete para você ser um ser humano inteligente, fascinante, incrível, produtivo, proativo! Não estude por estudar, estude porque estudar fará você voar sem sair do lugar. O conhecimento, por mais chato que pareça, deve ser encarado por você como um perfume emocional, uma brisa intelectual, uma fonte de aventuras...

Encare suas provas ou concurso como maratona, uma escalada de montanhas íngremes! Sonhe muito e antecipe o sabor da vitória e os pódios que alcançará. Todos os conteúdos são alimentos necessários para a saudável nutrição da sua inteligência.

A segunda chave é *"matéria dada, matéria estudada"*. Se você quer brilhar nas provas, não deixe para recordar as matérias ou estudá-las dias ou semanas depois de tê-las aprendido, pois elas se perderão em meio a centenas de milhares de janelas e milhões de informações existentes no córtex cerebral. O que você aprende hoje, deve ser estudado o quanto antes, enquanto está na MUC (memória de uso contínuo), enfim, enquanto as informações estão disponíveis no centro consciente, "fresquinhas" em seu cérebro.

A guerra de janelas no cérebro é enorme. Se você adiar a procura pelo mapa do tesouro, ou seja, as informações aprendidas, será mais difícil encontrá-las. A ideia é guardá-las de forma sólida, consistente, para que sejam facilmente recuperadas quando necessário.

Outra vantagem de se aplicar esta segunda chave é não acumular matérias. Certamente você tem um cronograma pesado a seguir. Se deixar para estudar tudo na última hora, ou sem muito tempo para isso, acabará estudando com pressa, o que acelerará a SPA e você será vítima do esquecimento.

Quando se estuda estressado e preocupado, os arquivos da memória registram as informações com ansiedade, portanto sem grande impressão e relevância. Por isso, estudar relaxado – com tempo – é a melhor maneira de armazenar todos os dados que aprendeu. Você deve estudar pelo menos metade do tempo da matéria que aprendeu em sala de aula. Se você teve uma aula de uma hora, estude-a pelo menos meia hora.

A terceira grande chave é *"matéria estudada, matéria recordada"*. Esta chave é o maior segredo para quem quer ter sucesso nas provas e concursos, inclusive como palestrante, conferencista, debatedor. Quase todos falham nesta chave, pois não conhecem o funcionamento da mente e a competição dramática de janelas ou arquivos no córtex cerebral.

Esta técnica é para você poder revisitar o conteúdo nos solos da memória com frequência, assim ele será fixado com firmeza e em arquivos diversos. Qual é o segredo brilhante dessa técnica? Se você tiver tenso, ansioso e preocupado pela síndrome predador-presa, e bloqueou, portanto, as janelas que possuem o conteúdo que aprendeu, seu EU não terá tantos problemas para sair da zona de conflito, porque você tem outras "cópias" da informação em arquivos diferentes que poderão ser acessados.

Se você entendeu esse fenômeno, poderá dar um salto sem precedentes em seu raciocínio. A matéria que você estudou meia hora hoje, você recordará nas próximas três semanas por 5 minutos. Você infestará a matéria aprendida em zonas distintas da memória.

Imagine que você aprendeu hoje o conteúdo A e não mais o estuda. Amanhã, aprenderá o conteúdo B e também não irá estudá-lo mais. Essa técnica de acumulação saudável de conhecimento é falha, deficiente. Mas se você, nas próximas três semanas, estudar a síntese e os detalhes mais importantes dos conteúdos A e B, não colocará mais todos os ovos nos mesmos arquivos. Você pensará como um gênio, pois otimizará sua memória e seu raciocínio.

A quarta chave é fundamental: *"libertar o imaginário para desenvolver o raciocínio complexo"*. Um excelente aluno liberta o pensamento antidialético ou imaginário para construir conhecimento, ousar, elaborar ideias brilhantes. Quem faz provas não pode usar apenas o pensamento dialético ou lógico, que copia os símbolos da língua, para dar respostas secas, comuns, superficiais. Einstein disse acertadamente que a imaginação é mais importante que a informação.

Quem quer ter sucesso em qualquer tipo de prova tem de usar sua imaginação para organizar os dados de forma nova, interessante, penetrante, o que encanta os examinadores. Não é delirar, enrolar ou ludibriar, mas libertar a criatividade e a inventividade. Qualquer computador repete informações, mas precisamos formar pensadores, críticos, lúcidos, imaginativos, inventivos, apaixonados em contribuir com a sociedade.

As provas mais modernas estão exigindo que os alunos desenvolvam um raciocínio complexo, autonomia, consciência crítica. Como digo na minha "Academia de Gestão", as empresas estão buscando esse tipo raro de profissional, um executivo resiliente, flexível, criativo, que resolve conflitos de forma pacífica. Os profissionais liberais, que também se tornam pensadores altruístas, solidários, empáticos, líderes de si mesmos, vão muito mais longe que os demais, inclusive daqueles que têm grande conhecimento em sua memória.

A quinta e mais nobre das chaves para o sucesso, o diamante dos diamantes intelectuais, é a técnica do D.C.D.: *"duvidar, criticar e determinar"*. Uma técnica que envolve o princípio da sabedoria da filosofia, psicologia e área de recursos humanos. Esta é a chave das chaves do sucesso, inclusive para transformar perdas em ganhos, crises em oportunidades. Se essa técnica não for bem utilizada, todas as anteriores podem perdem a função.

Você toma banhos? Sim, mas a que tipo de banhos eu me refiro, físico ou mental? Se você toma banhos físicos, uma ou duas vezes por dia, mas não toma banhos mentais, você cuida do corpo, mas acumula lixos em seu intelecto. Você cobra demais de si mesmo, sofre pelo que ainda não aconteceu ou rumina perdas ou frustrações? Se o faz, está acumulando entulhos que não apenas o adoece, mas asfixia seu desempenho intelectual, afetivo, social.

Nós, seres humanos, somos irresponsáveis em preservar os recursos naturais do planeta mente. Cuidamos, ainda que mal, do planeta Terra, mas não cuidamos minimamente do planeta emoção. Raramente alguém aprendeu a fazer a técnica do D.C.D. E todos os dias deveríamos aplicá-la com emoção, autoridade, garra. No silêncio de sua mente você deve duvidar das suas falsas crenças, sentimento de incapacidade, controle dos seus medos. Também diariamente deve criticar pensamentos débeis e ansiedade. E, ainda, deve determinar ser autor de sua história, gerir sua emoção, ser livre, saudável, ousado. Bilhões de pessoas nunca fizeram essa higiene mental e emocional.

Você faz higiene bucal? Todos fazemos algumas vezes por dia. Mas você faz a higiene emocional? É triste ver alguém que não teve acesso a higiene bucal, com dentes careados, podres e cheirando mal. Mas em mais de setenta países nos quais meus livros são publicados proclamo que há bilhões de pessoas que nunca fizeram a higiene psíquica adequada. São mendigos emocionais que vivem de migalhas de prazer, às vezes morando em belas casas e apartamentos.

É triste ver que a emoção é pessimamente cuidada, protegida, higienizada, por norte-americanos, latinos, africanos, europeus, asiáticos. Não é sem razão que está havendo uma epidemia de ansiedade, depressão e suicídio.

Como fazer essa higiene? Aplicando também a técnica do D.C.D. Por exemplo, duvidando de tudo que o controla, impugnando que não consiga ser uma pessoa livre e generosa, doando-se sem medo, mas diminuindo a contrapartida do retorno, pois os íntimos são os que mais nos ferem. Essa é uma forma de higiene emocional diária. Outro exemplo é criticando a impulsividade e a necessidade neurótica de cobrar demais de si e dos outros. Quem cobra demais está apto para trabalhar numa financeira, mas não para ter uma bela história de amor com sua saúde emocional.

Outro exemplo, determinando que nossa paz vale ouro e o resto é irrelevante, é aprender a dar risada de alguns de nossos erros, não levar a vida a ferro e fogo, ser tolerante e flexível, compreendendo que, por trás de uma pessoa que nos fere, ofende, calunia ou trai, há uma pessoa ferida.

A técnica D.C.D. desbloqueia sua mente, protege sua emoção e transforma-o em autor da sua própria história. Você não pode mudar o passado, mas pode reeditar o presente e construir o futuro. Nunca deixe de ser protagonista. Lembre-se: toda mente é inteligente! Não existem pessoas fracassadas ou pessoas de sucesso, mas pessoas que sonham e treinam sua mente para realizar seus sonhos. Use as chaves corretas.

Que você seja um grande sonhador.
E, se sonhar, seja disciplinado, mas não tenha medo de falhar.
E, se falhar, não tenha medo de chorar.
E, se chorar, repense sua vida, mas não desista.
Dê sempre uma nova chance para si mesmo e para quem ama.

Os perdedores veem as perdas, derrotas e crises e recuam.
Os vencedores veem nesse ambiente a oportunidade de cultivar.
Saiba que você não é mais um número na multidão,
Mas um ser humano inteligente, único e insubstituível.

Jamais desista de ser feliz.
Lute sempre pelos seus sonhos.
Seja profundamente apaixonado pela vida,
Pois ela é um espetáculo único e imperdível
Mesmo quando o mundo desaba sobre nós.

AUGUSTO CURY

AVALIE SUA QUALIDADE DE VIDA

Você tem algum destes sintomas?

SINTOMAS PSÍQUICOS

- ☐ Cansaço exagerado
- ☐ Pensamento acelerado
- ☐ Insônia
- ☐ Excesso de sono
- ☐ Esquecimento
- ☐ Desmotivação; desânimo
- ☐ Diminuição do prazer sexual
- ☐ Baixa autoestima
- ☐ Medo

- [ ] Perda do prazer de viver

- [ ] Tristeza ou humor deprimido

- [ ] Falta de concentração

- [ ] Sofrimento por antecipação

- [ ] Angústia (ansiedade + aperto no peito)

- [ ] Agressividade

- [ ] Sentimento de culpa intenso

- [ ] Solidão

- [ ] Ideia de desistir da vida

SINTOMAS PSICOSSOMÁTICOS

- [ ] Dor de cabeça

- [ ] Falta de ar

- [ ] Tontura

- [ ] Taquicardia

- [ ] Nó na garganta

- ☐ Aperto no peito
- ☐ Dores musculares
- ☐ Prurido (coceira)
- ☐ Gastrite
- ☐ Hipertensão quando está tenso
- ☐ Diarreia quando está tenso
- ☐ Aumento do apetite
- ☐ Diminuição do apetite
- ☐ Excesso de suor
- ☐ Choro ou vontade de chorar
- ☐ Mãos frias e úmidas
- ☐ Queda de cabelo
- ☐ Nenhum

Os sintomas psíquicos têm um sistema de relação uns com os outros. Por exemplo: quem tem insônia, geralmente, tem uma série de outros sintomas, tais como: fadiga excessiva, irritabilidade e esquecimento.

CLASSIFICAÇÃO DA QUALIDADE DE VIDA

0 sintomas — Qualidade de vida excelente

1 – 2 sintomas — Qualidade de vida boa

3 – 4 sintomas — Qualidade de vida regular

5 – 9 sintomas — Qualidade de vida ruim

10 ou mais sintomas — Qualidade de vida péssima

Essa classificação feita pela Academia da Inteligência não é rígida, mas flexível. Em psicologia, nada é rígido e nada é irreversível. Se você tem uma qualidade de vida excelente ou boa, faça o PAIQ[1] para preservá-la e para ajudar os outros. Se você tem uma qualidade de vida regular, ruim ou péssima, faça o PAIQ para enriquecê-la.

---

[1] O PAIQ é um programa de qualidade de vida disponibilizado gratuitamente pelo Dr. Augusto Cury, no livro 12 Semanas para Mudar Uma Vida, para que os leitores formem grupos de discussão e de aplicação da metodologia. A execução do PAIQ não tem fins lucrativos nem controle comercial. Mensalidade não pode ser cobrada pelos aplicadores do programa. O material necessário para a execução da metodologia é o livro 12 Semanas para Mudar Uma Vida.

Conheça a primeira Academia de Gestão da Emoção em todo mundo. Acesse o *site* <www.academiadegestaodaemocao.com.br> e receba gratuitamente ferramentas práticas de gestão da emoção pelo documentário **O Melhor Ano da Sua História**. Basta acessar o *site* a solicitar o seu acesso!

www.grupogen.com.br

RR DONNELLEY
IMPRESSÃO E ACABAMENTO
Av Tucunaré 299 - Tamboré
Cep. 06460.020 - Barueri - SP - Brasil
Tel.: (55-11) 2148 3500 (55-21) 3906 2300
Fax: (55-11) 2148 3701 (55-21) 3906 2324

Cód.: 617143